Novembre :

un fait d'hiver

rosemonde tchou

Novembre :

un fait d'hiver

© 2022 rosemonde tchou

Édition : BoD – Books on Demand, info@bod.fr
Impression : BoD – Books on Demand, In de Tarpen 42, Norderstedt (Allemagne)

Impression à la demande

Illustration de couverture : GLC

Photo : Etienne Lobelson

ISBN : **978-2-3224-5381-8**

Dépôt légal : Décembre 2022

Pour Hugo, Pour Théo

Avant-propos

Je n'aime pas le mois de novembre. Ce matin, je me suis réveillée tôt, et je ne sais pas pourquoi, j'ai pensé à Zouhaire. Zouhaire a été mon boss d'origine marocaine dans un groupe américain. Notre entente était cordiale. Ce que j'aimais chez lui, c'était son humilité (le truc pas très courant chez les boss) et son sens de l'humour

Je me souviens qu'un matin, comme tous les matins, je suis arrivée dans son bureau. Il a levé la tête, m'a regardée et tout en me saluant, il m'a dit :

- Tu as bonne mine aujourd'hui !

Ma réponse est partie, aussi spontanée que sa remarque. Il y était question de trompe-couillon. Il a éclaté de rire.

- Ah ok, alors c'est moi le couillon !

Je me suis excusée et lancée dans des explications bafouillantes du genre c'était une des expressions de la grand-mère de mon mari. Il m'a laissée patauger et nous avons fini par rire ensemble.

Ce matin de novembre, nous sommes en plein deuxième confinement. Deuxième fois qu'on nous interdit de sortir de chez soi, qu'on nous dit qu'on est potentiellement dangereux pour l'autre. Les panneaux de la ville disent : « A Paris, on ne sort pas sans son masque ». Les médias disent : « Le nombre de personnes atteintes a augmenté. » C'est le règne de la peur. Plus le droit de se voir, de se réunir, plus le droit de s'embrasser, plus le droit de manger au restaurant, plus le droit de boire des coups, plus le droit de faire du sport, plus le droit d'aller emprunter des livres à la bibliothèque, plus le droit d'acheter des livres, plus le droit de danser avec un partenaire, plus le droit d'aller au cinéma, au théâtre, au musée.

J'ai été malade. Je n'avais pas de maladie parallèle qui me rendait plus fragile. Pas obèse, pas diabétique. J'ai passé une dizaine de jours entre fièvre, courbatures, maux de têtes, toux improductive, dérangements intestinaux, disparition du goût et de l'odorat. Ce n'était pas confortable, mais tout est rentré dans l'ordre.

Lors du premier confinement, je me réveillais certains jours en pleurant. Je me souviens, je me disais « Ce n'est pas ce que j'avais prévu pour cette partie de ma vie ». Et les larmes coulaient, malgré moi.

Aujourd'hui, les larmes ne coulent plus. Pourtant mon cœur est gros et humide.

J'essaie d'analyser les raisons. Il y en a plusieurs. Novembre, ce mois si gris, si triste. Ce mois de la mort. Comme si tout le monde prenait date pour ce mois-là. Le mois où même si vous n'avez pas eu à vivre un décès, on y célèbre les morts. Le mois des attentats, encore des morts.

Je me souviens de 2015. Le lendemain du 13 novembre, les rues étaient désertes, c'était triste et beau. Les gens qui étaient sortis marchaient la tête baissée. Il y avait comme une sorte de suspension dans le temps, un silence. Je me suis faite la réflexion : « J'aimerais que cela soit comme ça tout le temps. » C'est triste de penser qu'il faut des morts, des blessés, des horreurs pour vivre cette suspension.

Aujourd'hui, tout est allé vite, trop vite. On ne sait plus qui croire, on ne sait plus qui écouter. Qui a raison, qui détient la vérité ? On ne saura sans doute jamais. On écrit l'histoire pas à pas. Complot ? 5G ? Manque de moyens ? Vraies fausses statistiques ? Querelles de clochers ? Querelles de pouvoirs ? C'est toujours comme ça. L'homme a toujours eu besoin de raisons pour gagner, gagner du territoire, gagner de l'argent. C'est si difficile de seulement être. Etre soi, être parent, être voisin, être frère, être ami, être juste, être à l'écoute, être simple. Etre.

Je crois que je sais pourquoi ce matin j'ai pensé à Zouhaire.

C'est parce qu'un jour il m'a dit : « Le sel de la vie, c'est les autres ! »

Alors, aujourd'hui, bien que l'odorat et le goût soient réapparus, vous me manquez, vous, les autres !

Je n'aime pas le mois de novembre parce que c'est celui où ma mère est morte.

Un jour j'ai écrit, j'ai écrit à quelqu'un qui était mort. Cette lettre a été lue dans un podcast, sur un site d'information (1). Cela m'a donné à croire que je savais écrire à ceux qui me manquaient et qui n'étaient plus là. Ecrire à mes morts. Je m'y suis essayée et les lettres ne reflétaient pas l'émotion que je voulais partager. Ces lettres sont alors devenues des mini-contes qui mis bout à bout, n'ont pas non plus rempli la fonction que je leur destinais.

Vouloir écrire, c'était me confronter au sentiment d'imposture. Il m'a fallu affronter ça. Je serai la première génération dans ma famille d'origine chinoise, wen, à savoir écrire en français. Je serai sans doute la première à oser dire.

Ecrire pour dire ma version, mon ressenti, mon histoire.

Nombre de livres relatent l'immigration asiatique, et son lot d'adaptabilités. L'image des Asiatiques et les expressions populaires à leur sujet sont plutôt positives : ils sont discrets, travailleurs, les enfants sont bons à l'école, etc.

Je savais que ce serait un chemin douloureux. J'ai dû affronter mes souffrances, et mes peurs. Je bravais cette discrétion proche de l'omerta, et j'avais peur. Peur du regard de la communauté wen, peur du regard des autres. Parce que j'avais été élevée dans le moule. Mais, c'était plus fort que moi, c'était le moment, je devais écrire cette histoire, mon histoire.

Parce que l'immigration n'est pas qu'une histoire d'intégration et de chemin vers le mieux être, parce que l'immigration c'est un chemin. Et que parfois au bout du chemin il y a la mort, il y a le destin, et il y a la vie.

1 « Assister au renversement du monde"
http://www.slate.fr/podcast/128690/psy-mondes.

Fait d'hiver

Trois hommes sont réunis dans un petit salon. Ou peut-être à une table de bistrot. Le cendrier est bien rempli. On sent une certaine tension.

- Tu es sûr qu'ils n'ont pas de chien de garde ?
- Oui, j'en suis sûr, ils n'ont qu'un petit chien genre caniche.
- Ok les gars, on répète encore une fois. La camionnette, je la gare sur les bords de Marne. Vous, vous descendez, vous passez par-dessus la barrière et vous vous cachez dans la haie de thuyas. A cette heure-là, il fait nuit déjà. Ils ne vous verront pas. Quand ils arrivent, il va toujours garer sa voiture devant le portail en marche arrière. Et c'est toujours elle qui descend pour ouvrir le portail. Vous ne bougez pas. Vous m'écoutez ? Vous ne bougez pas ! Il y a un système d'alarme, il faut qu'ils le désactivent. Ensuite, elle va ouvrir la porte du garage, puis elle revient pour fermer le portail. Il recule la voiture et la rentre dans le garage. Ensuite, il descend de la bagnole et il va fermer la porte du garage. C'est là, quand il a la main sur la cordelette

de la porte du garage et avant qu'il ne la ferme, qu'il faut intervenir. Parce que si la porte est fermée, vous ne pourrez plus entrer. Là, vous y allez et vous faites ce que vous avez à faire. Quand vous avez fini, vous me rejoignez à la camionnette et on repart. C'est compris ?

*

Je venais de démissionner. Je travaillais alors en tant qu'assistante planning de production au siège social d'un groupe industriel qui fabriquait des tubes télévision couleur. A la sortie de mes études en école de commerce, j'avais été recrutée parce que je parlais anglais plutôt mieux que la moyenne et le directeur américain, Frank, voulait garder son énergie pour travailler et planifier, mais pas en français.

La mission de Frank s'était terminée et son poste avait été repris successivement par un Britannique, Peter, puis un Français, Raymond. Voir mon premier boss partir avait été une vraie tristesse pour moi. Nous formions un binôme où il était la tête alors que j'étais la mise en œuvre de ses idées. Les réunions que nous co-animions dans les sites de production étaient l'occasion de déplacements trimestriels en Italie, à Dijon et à Lyon, et ponctuaient la routine de la vie de bureau. J'avais beaucoup appris avec Frank et parler anglais tout le temps ressemblait à un rêve devenu réalité.

La façon de faire de Peter était différente, bien qu'aussi précise que celle de Frank. Peter m'avait appris à avoir une vision plus globale et je ne pouvais que me réjouir de notre collaboration, qui malheureusement avait été courte. Quand Raymond avait pris le poste, son premier acte avait été de déplacer mon nom de la liste de diffusion des rapports que j'élaborais. J'étais passée d'émetteur-signataire à destinataire de mes propres documents. Il était devenu le seul signataire.

Quelques mois plus tard, devant notre incapacité à communiquer, j'avais donné ma démission. Après en avoir longuement parlé avec mes parents qui tenaient un magasin de maroquinerie en gros, j'avais pris la décision de les rejoindre. De leur côté, ils y voyaient un double intérêt : avoir leur fille unique près d'eux, et lui transmettre leur affaire. Quant à moi, j'avais envie de pouvoir utiliser tout ce que j'avais appris pour faire grandir l'affaire familiale, tout en travaillant dans des conditions privilégiées.

Je n'étais pas venue là, auprès de mes parents, avec l'intention de vivre la vie de la fille des patrons qui ferait semblant de travailler. Dès le premier jour, j'avais souhaité porter ma pierre à l'édifice. J'allais chercher des cartons de marchandise dans la réserve située un demi-étage plus haut que le niveau de la boutique, et les descendais. Maman, perchée sur le comptoir pour être à peu près à la même hauteur que moi, me tendait les portefeuilles et autres porte-monnaies, tandis que grimpée sur l'escabeau, je les rangeais dans les cases.

Nous avions aussi évoqué différentes méthodes pour que je puisse connaitre les prix. En effet, ma mère était la seule à connaitre tous les prix de tous les produits dans le magasin. Seulement, ils étaient tous dans sa tête. Elle arguait que les prix ne devaient pas être marqués car les clients, selon elle, devaient les demander. Quant à la concurrence, ils n'avaient tout simplement pas à savoir le prix de ce qui était proposé.

C'était mon deuxième jour de boulot à la boutique, un mardi. Nous avions fermé à 18 heures. Mes parents et moi avions pris le chemin du parking où ils garaient leur voiture. A l'époque j'habitais avec mon amoureux dans une des grandes tours du treizième arrondissement de Paris.

Mes parents m'avaient déposée et avaient repris le chemin vers leur maison de banlieue. Il me semble que nous étions heureux.

Les avais-je embrassés ? Leur avais-je dit « à demain » ? Je ne me souviens plus.

*

J'imagine leur conversation en route.

- Elle est travailleuse notre fille.

- Mmh.

- Tu ne trouves pas ?

- Mmh.

- Elle a descendu je ne sais combien de cartons de la réserve. A ce rythme, les casiers vont être pleins et la réserve vide. Tu as vu comment elle a proposé des porte-billets à ce client ? Tu sais, celui du centre de la France. Il voulait des portefeuilles et des porte-monnaies au départ, il n'avait pas l'intention de prendre des porte-billets. Elle est forte notre fille. Je suis heureuse qu'elle travaille avec nous. Elle va donner de la vie à notre train-train.

*

Ils sont arrivés devant leur grande maison, trop grande pour eux deux et leur petit chien. Il commence à faire froid, on est en Novembre, et à cette heure-là, la proximité de la Marne donne des airs lugubres à cette banlieue.

Cette maison, mon père l'avait dessinée, c'était SON projet. La première maison qu'il avait fait construire, c'était en Chine, au village, une immense maison, où pouvaient cohabiter trois générations au moins. Les grands parents, les parents et les enfants. Leur travail en France leur avait permis de mettre des économies de côté. Et quand ils avaient pu, ils avaient envoyé de l'argent là-bas pour construire cette énorme maison.

En France, quelques années plus tard, il avait fait construire un petit pavillon dans la banlieue nord-est, à Bondy. Sous-sol avec garage, rez-de-chaussée avec entrée cuisine, et grand salon salle à manger. A l'étage, trois chambres et une salle de bains. La maison fut cambriolée trois fois, et leur dalmatien avait été empoisonné. Retrouvé mort, vidé de son sang un soir à leur retour de Paris. Sa fille avait beaucoup pleuré, n'arrivant pas à lâcher le corps froid et rigide de ce chien, tandis que sa femme essayait de l'emmener tout en se bouchant le nez de l'autre main. L'odeur dégagée par le sang coagulé sur le sol était insupportable.

Cela avait été le fait de trop. Ils avaient décidé de trouver un autre lieu de vie. Leur choix s'était porté sur cette maison ancienne en bords de Marne, alors en vogue à l'époque dans la communauté wenchow. En vogue, ça veut dire que c'est un signe de réussite sociale et économique. Au moment de la signature du contrat, il y avait quatorze signataires du côté du vendeur, héritiers du propriétaire décédé de la maison, un homme âgé sans descendance directe.

Il avait décidé de garder la maison, de la rénover, de la mettre à son goût, mais au fil des découvertes et son tempérament de bâtisseur aidant, finalement en accord avec sa femme, la maison avait été démolie pour laisser place à son projet. Bâtir une grande maison, grande, belle, qui pourrait abriter plusieurs générations. Les grands-parents, les enfants, les petits-enfants.

Alors oui aujourd'hui, elle était trop grande pour eux deux et la petite chienne. Mais il gardait espoir. Sa fille et son amoureux, qui avaient habité avec eux quelque temps, reviendraient sans doute. Elle qui ne voulait pas travailler avec eux, n'était-elle pas déjà revenue sur sa décision ? Cela faisait deux jours qu'elle travaillait à la boutique avec eux. Alors, ce n'était qu'une question de temps pour qu'elle revienne s'installer dans la maison avec son petit ami. Peut être quand ils auraient un enfant ?

*

C'est elle qui descend pour ouvrir le portail. Il faudrait quand même un jour qu'ils aient un portail télécommandé. Une fois le portail ouvert, elle se dirige vers la porte de garage, grande porte basculante. Il n'y a pas lieu de désactiver le système d'alarme, ils ont décidé de ne plus l'activer suite à de nombreux déclenchements intempestifs qui leur ont valu des allers-retours express depuis Paris, des regards courroucés des voisins et des procès-verbaux de la police.

C'est une grande porte basculante en métal. Elle est lourde. Une fois ouverte, il faut la retenir par la cordelette qui pend de la poignée. Sinon, elle monte trop haut, et après, on ne peut plus attraper la cordelette pour fermer la porte. Là aussi, il faudrait qu'ils pensent à avoir un système automatisé, un jour.

Une fois la porte du garage ouverte, elle ressort pour aller fermer le portail. La petite chienne est partie faire son petit besoin dans le jardin. Elle en profite pour prendre le courrier dans la boite aux lettres aménagée dans le pilier. Une facture ! Puis, elle se dirige vers le fond du garage, elle se souvient avoir mis du linge à sécher dans la chaufferie. En hiver, il fait chaud dans cette petite pièce.

Pendant ce temps, il recule la voiture dans le garage. Il a toujours préféré rentrer la voiture en marche arrière. Comme ça, le lendemain, il peut repartir travailler direct. Une fois la voiture à sa place, il descend, claque la portière et se dirige vers la porte basculante.

C'est là qu'ils arrivent en courant, cagoulés de noir. Ils s'adressent à lui en wenchow.

- Donne-nous ton fric.

Elle, de la chaufferie :

- Chéri, qu'est ce qui se passe ?

- Restes où tu es, ne sors pas, lance-t-il à sa femme.

- Ta gueule ! Donnes-nous ton fric !

- Vous avez beau être cagoulés, je vous ai reconnus !

Il n'aurait pas dû le dire. Le temps s'étire. Trop longues ou trop courtes, ces quelques secondes.

Une déflagration.

Il hurle, il tombe. Une balle a traversé son omoplate gauche. Une douleur intense le lancine. Il est à terre, près de la voiture. Doit-il rouler sur lui-même comme dans les films ? Vont-ils continuer à tirer sur lui ?

Au coup de feu, elle est sortie de la chaufferie. L'autre individu l'attend près de la porte. Il a un couteau. Il sait s'en servir. Il va participer dans quelques semaines au festival des arts martiaux. Il enfonce l'arme dans le foie. Elle se recroqueville, elle émet un cri sourd, elle porte une main à son ventre tout en voulant continuer d'avancer. De sa main gauche, il tente de la repousser. Et pendant qu'elle fait un pas maladroit, il retire l'arme, et pour l'empêcher d'avancer encore, il la plante encore une fois, dans le pancréas.

- Ça tourne mal, faut se casser !

Ils partent en courant, ils sautent par dessus la barrière. Ils courent, ils courent, ils rejoignent la camionnette, dont le moteur tourne déjà. Ils montent dedans, claquent les portières. Elle démarre.

- Au secours, crie-t-il, au secours !

Puis il se lève, se dirige vers sa femme. Elle se maintient au chambranle de la porte. Elle a une main sur son ventre, du sang s'écoule. Il la soutient comme il peut, il a mal à son épaule. Du garage, ils entrent par la porte latérale dans l'entrée de leur maison. Dans un souffle, elle lui dit :

- Appelle notre fille.

Il prend le téléphone posé sur le meuble de l'entrée, mais ne connait pas le numéro. Elle lui donne le numéro chiffre par chiffre. Occupé. Il est près d'elle. Elle est allongée par terre. Du sang coule, le sol devient rouge foncé. Elle annone.

*

Dans la camionnette, le conducteur interroge ses comparses. Il est furieux.

- Qu'est-ce qui s'est passé ? C'est quoi ce coup de feu ? Vous avez fait quoi les gars, c'était du gâteau !

- Putain, tu n'y étais pas ! C'est facile, toi tu es resté dans ta camionnette, alors fais pas chier.

- Je t'ai dit que je ne pouvais pas y être, ils me connaissent. Mes parents, mes frères et sœurs on a tous été invités à manger chez eux. Alors, putain, c'est quoi ce coup de feu ?

- Ben, il a dit que j'avais beau être cagoulé, il m'avait reconnu.

- Mais t'es con, comment veux-tu qu'il te connaisse ?

- OK, ta gueule, tu n'y étais pas. Il m'a fait flipper. Le coup est parti malgré moi.

- Tu l'as touché ?

- Je crois, oui, il est tombé au sol.

- Il est vivant ?

- J'en sais rien.

- Et toi, tu dis rien, qu'est ce que t'as fait pendant ce temps ?

- Ben, je me suis mis près de la porte de la chaufferie, là où était entrée la femme. Cette conne, elle est sortie comme une folle furieuse quand elle a entendu le coup de feu.

- Qu'est ce que t'as fait ?

Silence.

- Qu'est ce que t'as fait ? Réponds !

- Ben, je lui ai mis un coup dans le ventre.

- Un coup de poing ? Pourquoi dans le ventre ?

Silence.

- Heu non, pas un coup de poing.
- Un coup de quoi alors ?
- Un coup de couteau.
- Un coup de couteau, t'avais un couteau ? Mais putain, vous êtes des grands malades ! Toi tu tires parce qu'il dit qu'il t'a reconnu, et toi tu plantes un couteau dans une femme ? Putain, les gars, on est dans la merde. Putain, les gars, c'était un coup facile, on prenait le fric et on se cassait. Merde, merde et merde. Vous êtes graves ! On est dans la merde. C'était un coup facile. On est dans la merde. Dans la merde.

J'imagine le silence lourd qui a suivi. Pas un silence coupable, non. Pas un silence triste. Un silence de peur.

*

Les secours sont arrivés. La police, les ambulances. Le quartier tranquille ne l'est plus ce soir-là. Des gyrophares. Les voisins de l'immeuble en face à leurs fenêtres. C'est l'un d'eux qui a téléphoné à la police.

Elle est étendue dans l'entrée, une mare de sang autour d'elle. Des seringues, des ampoules. Ils ont tout essayé. En vain. Il est emmené un peu à l'écart. On lui administre un sédatif. On lui met une écharpe pour soutenir son bras. Il est transporté à l'hôpital le plus proche.

Son corps à elle est emporté à l'institut médico-légal.

La petite chienne est prise en charge par les voisins, ceux qui ont téléphoné à la police.

*

Une fois rentrée chez moi, ce soir-là, j'ai déposé mon manteau, enlevé mes bottes et enfilé mes chaussons. J'ai commencé à préparer le diner tout en racontant ma journée à mon amoureux. Je lui ai dit ma joie de me sentir utile et d'être avec mes parents.

Une fois le diner terminé et après avoir tout rangé et nettoyé, nous nous sommes installés sur le canapé. Je me suis souvenue avoir prêté des bouquins à Brigitte, depuis un certain temps déjà. J'ai pris la décision de lui téléphoner pour les lui demander. Elle a répondu après trois sonneries. Je ne sais plus pourquoi, la conversation s'est envenimée. Cet appel juste pour récupérer des bouquins a duré longtemps, trop longtemps.

Personne d'autre n'a téléphoné. Au milieu de la nuit, mon oncle est venu nous chercher. La police avait joint le restaurant chinois de la commune voisine, dont les propriétaires étaient des amis de mes parents. Ce sont eux qui ont appelé mon oncle. Il nous a emmenés sans nous dire exactement ce qui s'était passé. C'est au commissariat que j'ai appris la terrible nouvelle.

Chinoise ?

A l'école primaire de la rue des Vertus, durant les cinq années où j'y fus élève, du cours préparatoire au cours moyen deuxième année, j'étais la seule petite Chinoise. La seule pas Française. Toutes les photos de classe de cette époque montrent des enfants blancs, qu'ils soient d'origine espagnole, italienne, d'Afrique du nord, du Maghreb. J' étais la seule Chinoise, jaune, aux yeux bridés, aux cheveux noirs.

Nous portions des blouses, nous avions les cheveux attachés. C'était une école de filles. Tous les matins, dans la cour de récréation, quand la cloche retentissait, toutes les élèves s'alignaient en rang deux par deux, devant la maitresse de leur classe respective. Aucun chahut n'était toléré, et seulement quand les rangs étaient formés, et le silence obtenu, les élèves se mettaient en route vers leurs classes.

Le soir, quand je rentrais à la maison, je racontais ma journée, je parlais, je parlais :

- Et la maitresse a dit ceci, et la maitresse a dit ça...

J'étais enfant unique et mes parents travaillaient nuit et jour pour réussir.

Ma mère répondait qu'elle ne comprenait pas ce que je racontais en français. J'étais alors obligée de faire l'effort de parler en wenzhou pour pouvoir recueillir son attention. C'est comme ça que j'ai, encore aujourd'hui, quelques rudiments de wenzhou, sans jamais avoir été dans un cours pour apprendre le mandarin, le putong hua. (littéralement la langue ordinaire), la langue qui est enseignée dans les écoles en Chine et ailleurs. Le wenzhou est un dialecte, c'est celui qui est parlé dans la région dont mes parents sont originaires.

Pour mes parents, je devais être la meilleure. Je me souviens, un jour ma mère m'a dit :

- En Chine, il vaut mieux être un garçon, et en France il vaut mieux être une fille.

J'avoue n'avoir pas trop compris. Et d'ailleurs encore aujourd'hui, je ne suis pas sûre de pouvoir confirmer ou infirmer cette phrase. Peut être faisait-elle une projection de sa propre existence ?

*

Mes parents ne savaient pas lire et écrire le français. Ils n'avaient pas le temps et sans doute pas l'argent pour aller à l'école. A l'époque, c'était à l'Alliance Française qu'il fallait aller pour apprendre cette langue. Alors, dès que j'ai su lire et écrire, à la fin de l'année de CP, je remplissais tous les documents administratifs français pour mes parents. Je savais qu'il fallait le faire avec un stylo bille, pas un crayon de papier et pas un stylo plume, un stylo bille, et de préférence de couleur noire.

Je savais qu'il fallait inscrire une seule lettre par case, et en majuscule. Le trait d'union prend une case. Je connaissais les dates de naissance et les lieux de naissance de mes parents par cœur, à force de remplir les documents. Tchou Shing-lun, 15 août 1936, (15/08/1936) Tchekiang, Wenchow, Chine. Tchou, née Pan, Che Hua, 16 janvier 1936 (16/01/1936) Tchekiang, Wenchow, Chine.

Un soir, après le diner, je devais remplir des papiers remis par la maitresse, pour les rapporter le lendemain à l'école. A la question :

« Pupille de la nation », OUI/NON,..

je n'ai pas su répondre. Dès que j'avais su lire et écrire, mon père avait fait l'acquisition d'un dictionnaire sensé m'aider dans mes interrogations de petite fille de 6 ans. J'ai cherché « pupille ». J'ai cherché « nation ».

Pupille : nom féminin

- Orifice circulaire situé au centre de l'iris et permettant, par sa contraction ou sa dilatation, de doser la quantité de lumière qui pénètre dans l'œil. = > *non*
- Enfant mineur ou incapable majeur, placé sous un régime de tutelle.=> *enfant mineur : oui , incapable majeur : non*

Nation : nom féminin

- Ensemble des êtres humains vivant dans un même territoire, ayant une communauté d'origine, d'histoire, de culture, de traditions, parfois de langue, et constituant une communauté politique.=> *Je vis en France avec mes parents et je vais à l'école en France, donc je fais partie de cet ensemble, donc de cette nation.*
- Entité abstraite, collective et indivisible, distincte des individus qui la composent et titulaire de la souveraineté.=> *Comprends pas*

A la lecture de ces définitions, il était clair pour moi, petite fille de 6 ans, que j'étais une enfant mineure, et que je faisais partie d'un ensemble d'êtres humains vivant dans un même territoire.

J'avais très envie de cocher la case OUI. Mais je n'étais pas sûre. Alors je me disais que j'allais cocher la case NON. Et pourtant je ne la cochais pas car je me disais que si je cochais la case NON, cela voulait dire que je n'étais pas une enfant mineure, ce que j'étais, puisque j'avais 6 ans. Cette question m'avait fait croiser les neurones une bonne partie de la soirée. Je mordillais mon stylo bille sans savoir quelle case cocher. Je faisais tourner les pages du dictionnaire, passant de la page « pupille » à la page « nation » espérant y découvrir la réponse. Mes parents, penchés au-dessus de moi, impuissants à m'aider, ne comprenant pas, ou plutôt comprenant que je ne comprenais pas, restaient silencieux et tendus.

Je m'énervais toute seule de ne pas savoir. J'étais la seule à savoir lire et écrire. J'étais la seule qui pouvait remplir ce document, je devais savoir. Je devais choisir. Je devais cocher une case. Mais laquelle ?

Je me suis mise à pleurer d'énervement, et de fatigue. Mon père s'est écarté. Ma mère m'a prise dans ses bras, et s'est mise à pleurer aussi. Moi, je pleurais parce que je ne savais pas quelle case cocher et parce que si moi je ne savais pas, ni mon père, ni ma mère n'allaient savoir. Ma mère pleurait, en disant, « ce n'est pas grave, on va trouver quelqu'un demain, on ira demander à Madame Francis, la secrétaire de tonton Jean, elle saura, elle. Elle est française ».

Le lendemain, Madame Francis a dit « non, non », « elle n'est pas pupille de la nation », il faut cocher la case « non » !

Je n'ai pas tout compris, sauf que je n'étais pas « pupille de la nation ». Même si j'étais une « pupille » : enfant mineure, et que je vivais sur le même territoire que mes parents et que mes petites copines de classe.

Quelque temps après, afin de pouvoir répondre aux courriers administratifs, et parce que mes parents avaient monté une affaire, je reçus en cadeau une machine à écrire sur laquelle je tapais avec deux doigts les réponses aux divers courriers.

Je crois que cette enfance a façonné mon goût de la précision. Inscrire une seule lettre dans une case. Comprendre qu'une expression composée de mots peut avoir une autre signification que l'addition des définitions des mots qui la composent. Toutes ces lettres m'ont aussi, avant l'heure, donné le goût de la phrase bien tournée, compréhensible, de la lettre propre, sans rature. En haut à gauche, il faut inscrire l'expéditeur. Le destinataire lui, il faut l'inscrire en haut à droite, à quelques lignes du haut de la feuille, de telle façon, que ses coordonnées puissent entrer dans la fenêtre de l'enveloppe. Sous le destinataire, le lieu et la date du jour où on écrit la lettre. Faire des paragraphes, des retraits. Terminer par une formule de politesse.

Bref, toutes ces règles qui font que la lettre sera lue et considérée comme une vraie lettre. Pas comme une lettre écrite à la main, qui trahirait l'âge de la petite fille, et dont l'écriture rendrait les propos non recevables.

*

Je suis partie en home d'enfants, c'est la version privée des colonies de vacances. C'était en Haute Savoie, dans une grande maison où une famille comprenant la mère et ses filles recevaient des enfants pendant les vacances scolaires. J'avais à l'époque un os au niveau de la cheville qui poussait et qui me faisait souffrir, si je courais trop ou si je m'appuyais dessus trop fortement.

Nous étions trois filles chinoises. C'est par ces copines-là, que j'avais pu bénéficier de vacances à la montagne. Sinon, je les passais avec mes parents à

Paris. Nous étions encore une fois les seules Chinoises parmi des enfants français.

Les garçons âgés de 8 à 12 ans n'étaient pas encore intéressés par les flirts et parmi leurs jeux favoris, ils nous traitaient de « chinetoques ». Ce qui nous valait des courses poursuites, où, nous les filles leur courions après afin de les corriger.

Mon père, depuis toujours, aussi loin que je m'en souvienne, me racontait cette anecdote historique : selon lui, un jour, il y avait eu une sorte de réunion au sommet, avec tous les chefs d'Etat de tous les pays. Ils avaient chacun un siège attribué autour d'une immense table ronde. Tous les fauteuils étaient occupés sauf celui de la Chine. Alors, les autres participants avaient installé un chien sur le fauteuil réservé à la Chine. D'où le mot « chinetoque », prononciation ayant évolué dans le temps ou le fantasme de mon père depuis « chine – dog ».

En Chine, on ne compare pas les humains aux animaux, c'est une insulte. J'avais donc emporté avec moi, en colo, cette anecdote vraie ou fausse, qui m'obligeait à défendre la dignité des Chinois s'ils étaient traités de « chinetoques ». Cela m'a valu plusieurs courses, en clopinant à cause de ma cheville, pour attraper les méchants garçons qui me traitaient de « chinetoque ».

En relisant ces quelques lignes, je m'aperçois que les lettres qui composent le mot Chine sont les mêmes que celles qui composent le mot chien. Cela ne valide aucune théorie, cela m'amuse juste de le constater.

*

Le jour où j'ai entamé mes études, je me suis adressée à mon père :

- Papa, je voulais te demander un truc, j'entre en fac de médecine...

Je savais qu'il ne pourrait pas refuser. Obtenir mon bac et entrer en fac de médecine étaient un des symboles de réussite pour tout parent, surtout des parents qui ne savent pas lire et écrire le français.

Il a réfléchi, a pris une inspiration et a dit :

- Je comprends. Tu es une grande maintenant, et tu vas rencontrer beaucoup de monde.

Je crois qu'il me voyait déjà dans des réunions, stéthoscope autour du cou, avec des médecins, à l'hôpital, en blouse blanche.

- Si on t'offre une cigarette, et que tu ne peux pas faire autrement qu'accepter, alors tu peux prendre une cigarette. Mais une par jour, hein !

Inutile de dire qu'une fois l'autorisation paternelle obtenue, j'ai fumé et pas qu'une cigarette par jour.

*

Passé les 18 ans, je sortais. J'aimais beaucoup sortir et faire la fête. Ma mère, invariablement, me disait avant que je sorte : « Fais attention »..Sans plus d'explications.

Un jour, par ennui ou pour je ne sais quelle raison, ou parce que ce sixième sens de parent les a alertés, ils se sont mis à fouiller dans mes affaires. Ils y ont découvert une boite en plastique blanc qui contenait un diaphragme. Ils m'attendaient lorsque je suis rentrée ce dimanche après-midi. La colère froide dans leur regard et leur propos.

- Nous sommes très déçus...

- ?

- Nous avons trouvé une boite en plastique blanc.

Ils ne savaient pas le mot français pour diaphragme, mais ils savaient ce que cela devait empêcher et donc ce que cet objet impliquait de ma vie intime.

Je me suis fâchée sur le fait qu'ils avaient fouillé dans mes affaires, comme le jour où ils avaient ouvert une lettre qui m'était adressée. J'avais tempêté et ils avaient répondu :

- De toutes façons, on ne sait pas lire.

Que répondre à cette évidence ?

Là, pour eux c'était une violation de la confiance qu'ils m'accordaient.

- On t'avait pourtant dit de faire attention.

- Ben j'ai fait attention, j'ai fait en sorte de ne pas tomber enceinte.

- Non, tu n'as pas compris, faire attention, c'est ne pas coucher avec les garçons.

*

Des années plus tard, je travaillais pour un groupe américain de matériel médical dont les locaux étaient situés à Créteil. Un midi, veille de 1er mai, je m'étais rendue au supermarché voisin pour y faire des courses. Des grandes étagères sur roulettes chargées de pots de muguet étaient alignées devant les caisses. Une caisse spécifique permettait de régler les achats de ces pots. Il y avait la queue. Un homme en veston, chemise, pantalon à plis, a pris le parti de doubler tout le monde pour payer son muguet. Je ne pus m'empêcher de lui faire une remarque :

- Excusez-moi Monsieur, toutes les personnes là, font la queue pour payer leur muguet.

Pas de réponse

- Excusez-moi, Monsieur, toutes les personnes là, font la queue pour payer leur muguet.

Il s'est retourné et m'a lancé :

- Je ne te parle pas, d'abord, t'es pas dans ton pays, espèce de niakoué.

- Monsieur, ce n'est peut être pas mon pays, et déjà on ne se connait pas donc vous ne me tutoyez pas. Mais en tous cas, ce pays je l'aime et je le respecte, et je ne double pas les gens dans la file d'attente. Tout le monde travaille, tout le monde prend sur son heure de déjeuner.

Les autres personnes commençaient à râler aussi, et certaines personnes disaient :

- Mais oui, elle a raison.

La caissière s'est empressée de prendre les sous de cet homme afin qu'il s'en aille.

Mon tour arriva et je pus repartir sur le parking vers ma voiture.

Quelqu'un m'a tapé sur l'épaule, je me suis retournée.

- Vas y, répètes-le-moi que tu l'aimes et le respectes ce pays.

C'était lui !

- Ecoutez Monsieur, ça suffit, l'incident est clos.

Et là, je me suis prise une claque, une vraie claque. En gros, il a armé sa main en la balançant en arrière et il m'en a collée une dans la tronche. Mes lunettes ont fait un aller-retour de droite à gauche comme dans les dessins animés. J'étais complètement sonnée. Je me suis mise à courir derrière lui, car il s'est enfui, zigzagant dans les allées du parking. J'avais dans ma main droite mon sac plastique avec mes petites courses, dans ma main gauche un autre sac plastique avec le muguet. J'étais en tenue de bureau, j'avais des talons, qui faisaient clac clac sur le bitume. On se serait cru dans un film de Jacques Tati.

Sauf que je hurlais !

- Appelez la police, il m'a frappée, appelez la police, il m'a frappée !

Je ne sais pas pour quelle raison, il est revenu à l'entrée où il m'avait collée la claque. Genre on revient toujours sur les lieux du crime. Ou juste un repas trop arrosé, ou peut être il ne savait plus où était sa voiture. Bref, il est revenu devant les portes de la galerie marchande et là, des gens avaient appelé les types de la sécurité. Un grand costaud, origine Afrique du Nord, et un grand Noir. Mon agresseur s'est quasi jeté sur le torse de l'un d'eux. Dingue comme réaction ! Moi j'arrivais essoufflée : « Il m'a frappée, il m'a frappée, je porte plainte, je veux la police ».

Les types de la sécurité nous ont emmenés dans le sous-sol de la galerie marchande. Des couloirs glauques desservant le PC de sécurité et des bureaux. J'ai demandé à téléphoner à mon travail afin de les prévenir de mon probable retard. Quand je suis revenue vers la pièce où nous devions attendre la police, un homme tout petit avec des yeux très bleus, et une voix à la Sylvester Stallone, m'a dit :

- C'est vous qu'on a traitée de niakoué ?

- Il est où le connard qui a dit ça ?

- Heu oui, c'est moi, il est là, répondis-je en montrant du doigt la pièce où était assis mon agresseur.

Le petit Sylvester Stallone est entré dans la pièce et je peux vous dire que sa petite taille ne l'a pas empêché de pousser une gueulante sur mon agresseur, qui n'en menait pas large.

Moi non plus, je n'en menais pas large. La police est arrivée et nous a emmenés dans le fourgon au commissariat pour y prendre ma plainte. J'ai eu beaucoup de mal à entrer dans le même fourgon que ce type capable de frapper une femme. Je tremblais et une fois la tension retombée, je me sentais une petite chose. Les flics ont dû installer le type au fond, eux au milieu entre lui et moi, et moi à l'avant pour me rassurer.

*

J'ai pris l'occasion d'une soirée où je ne connaissais pas grand monde pour tester des lentilles vertes sur mes yeux. J'avoue, que même moi, en me regardant dans le miroir, je fus prise d'un vertige. Très déstabilisant, une Chinoise aux yeux verts.

Je me retrouvais dans un groupe à parler de choses et d'autres, comme c'est le cas dans ce type de soirée jusqu'au moment où l'un des types qui ne m'écoutait pas vraiment, et, qui visiblement était hypnotisé par mes yeux verts me balança :

- Tu es de quelle origine ?

J'ai pris une inspiration et j'ai dit :

- Pourquoi ? J'ai un accent ?

Il se confondit en excuses reconnaissant que je n'avais pas d'accent. Je dévoilais en riant que je portais des lentilles vertes et que j'étais d'origine chinoise. Je n'ai jamais su mentir.

*

Lors d'une convocation par Pôle Emploi, j'ai été reçue avec une heure de retard. L'agent m'a demandé les raisons pour lesquelles je ne travaillais pas... Puis il a annoncé que je ne travaillais pas parce que je faisais du black... ! Faire du black pour une jaune, faudrait peut être voir à changer son champ lexical ? Il a ensuite ajouté que je profitais de Pôle Emploi pour payer les formations clowns que je suivais. Au vu de la défiance à mon égard, j'ai demandé un entretien avec un responsable d'équipe, qui m'a jeté les recherches d'emploi, que j'avais pris le soin d'imprimer, à la figure, et qui m'a dit que je ne l'avais pas convaincue, que je profitais du système et qu'il me radiait...

*

Lors du premier confinement en mars 2020, le premier dimanche, je suis sortie marcher. Cela faisait cinq jours que je n'avais pas mis le nez dehors. Je me suis dirigée vers la place de la République. Il régnait une atmosphère étrange, personne dans les rues, pas de bruit, à peine quelques voitures. Je suis arrivée sur une place déserte. Il y avait un fourgon de police, avec un Noir visiblement interpellé par les forces de l'ordre, debout à côté du fourgon. Un papa blanc, une maman blanche, et deux fillettes avec trottinette. Un homme en uniforme s'est approché de moi et m'a dit

- Madame, attestation.

Lorsque je la lui présentais, il ajouta :

- Et vous êtes là, pourquoi ?

J'ai failli dire :

- Ah et en plus vous ne savez pas lire.

Et en écrivant ces lignes, je réalise que si, il savait lire mais il a cru que moi, je ne savais pas lire ni écrire le français. Je ne sais pas pourquoi quelque chose m'a retenu de railler ce représentant de l'ordre. J'ai répondu :

- J'ai coché la case « activité sportive individuelle ».

Ce à quoi j'ajoutais :

- Cela fait cinq jours que je ne suis pas sortie, alors je suis sortie marcher »

- Vous habitez où ?

- J'habite là, à dix minutes à pied.

- Bien, vous allez me suivre au fourgon

- Et pourquoi ?

- Madame, il faut penser collectif »

- Bien Monsieur, je vous suis au fourgon, mais avant vous allez m'expliquer ce que veut dire « activité sportive individuelle »

Je vois un changement dans son regard, une sorte de « Elle va m'emmerder celle-là »

- Ouais, vous avez raison, nous on était pour le confinement total.

Forte du changement intervenu dans son attitude, j'ai pris l'attestation de ses mains

- Ok je prends mon papier et je rentre chez moi de suite.

Et je suis partie.

J'ai pris cela comme un avertissement céleste de me tenir à carreau. Et je disais qu'il me fallait être vigilante avec ma tronche de pangolin.

*

Mon premier voyage en Chine, je l'ai fait avec ma mère. J'avais 6 ans. Nous sommes parties de Paris en train. J'emportais une énorme poupée, presque aussi grande que moi, que je tirais par les cheveux. Cette poupée habillée de jaune, avait un trou au niveau de la bouche et un autre au niveau de son kiki, de telle sorte que quand je lui donnais un biberon, le liquide se déversait de sa bouche à son urètre et mouillait sa culotte. Cela me donnait alors toute latitude de la punir, de la nettoyer, de la déshabiller et de la rhabiller. Outre les nombreux bagages que ma mère emportait, des tissus, des cadeaux, elle emportait aussi un vélo pour offrir au fils ainé de son frère. C'était un vélo adulte dans un carton. Autant dire que nous étions chargées. Quand j'y pense aujourd'hui, ça me parait un drôle de retournement de penser qu'en 1965, ma mère ait emporté un vélo pour l'offrir à son neveu en Chine, alors qu'aujourd'hui les vélos de fabrication chinoise inondent la planète.

Nous avons pris le train. Nous avions une cabine pour toutes les deux. Je me rappelle que certains matins, je me réveillais et tendais une dent de lait. Je ne me rappelle plus si la petite souris est passée dans ce train durant ce voyage. Je me rappelle que nous allions diner au wagon restaurant et que tous les soirs, je prenais une soupe aux vermicelles. Je mangeais tous les vermicelles et tendait le bouillon restant à ma mère, qui devait s'en contenter. Je lui interdisais de commander un autre plat, je répétais les conversations entendues entre mes parents, qui disaient que nous devions faire des économies et que ce voyage nous coûtait cher.

A chaque arrêt, ma mère m'achetait un cadeau. Je me souviens du froid en Tchécoslovaquie, de la poupée habillée de vêtements et de bottes rouges en URSS. Je me souviens avoir pris un avion, puis un bateau sur lequel nous avons été malades, tellement ça tanguait. Il y avait un formulaire de suggestions sur ce bateau que m'a mère m'avait traduit. Et lorsque les fourmis avaient envahi et mangé mes bonbons en forme de clémentine, ma mère, pour me consoler, m'avait proposé de remplir le formulaire.

Quand nous sommes arrivées à Pékin, nous avons été logées dans l'hôtel réservé aux étrangers. Ma mère avait adopté, depuis leur installation en France, une coiffure européenne : cheveux courts et permanentés. Elle dut se rendre chez le coiffeur de l'hôtel pour refaire sa mise en plis. Elle me laissa seule dans la chambre avec ordre de ne pas répondre au téléphone. Evidemment, je répondis au bout de quelques sonneries, et je ne compris rien. On me parlait en mandarin. J'ai raccroché en pleurant. Je n'ai pas réalisé, à ce moment-là, que c'était le début de mes interrogations sur mon identité.

Ma mère, quant à elle, demanda un shampoing, et une mise en plis à la coiffeuse. Elle le demanda en parfait mandarin, elle avait été institutrice avant de quitter la Chine. Elle dut subir un interrogatoire. .

- D'où êtes-vous ?

- Je suis chinoise.

- Non, non, ce n'est pas possible.

- Comment ça ce n'est pas possible ? Je viens rendre visite à ma famille.

- Non, non, vous n'êtes pas chinoise.

- Vous parlez très bien mandarin, mais vous n'êtes pas chinoise.

- Ah et selon vous je suis quoi ?

- Vous avez le teint très clair. Vos habits, votre coupe de cheveux, vous êtes italienne ! »

Je me souviens, à chaque fois que ma mère racontait cette anecdote, elle riait beaucoup. Ce rire aujourd'hui, est, pour moi, au-delà de la crédulité de la coiffeuse une sorte de fierté de ma mère. Elle avait réussi à se fondre dans un pays qui n'était pas le sien, au point qu'en revenant dans son pays d'origine, on ne la reconnaissait plus. Un peu comme une intégration réussie ?

Quand nous sommes arrivées à Pékin, la révolution culturelle battait son plein. Par les fenêtres du train qui nous emmenait dans la ville, il y avait des gardes rouges qui agitaient le petit livre rouge et portaient un foulard rouge noué autour du cou. Ils nous saluaient, grimpés sur les parapets. J'étais heureuse de voir des Chinois, des gens comme moi. Je n'étais plus différente. J'étais dans mon pays. Ils étaient joyeux, j'étais heureuse.

Mon oncle, le frère de ma mère, nous a rejoints, et nous sommes sortis nous promener.

Les hauts parleurs hurlaient des messages à la gloire de Mao. Des chansons se déversaient. A Paris, avant de partir, mon père m'avait appris une des chansons à la gloire de Mao. J'étais si fière de la chanter à mon oncle que je me suis mise à la hurler sur la place. Sauf que mon père me l'avait apprise en changeant les paroles, quand il faut dire que « Mao Tsé Toung rayonne comme les rayons du soleil » il m'avait appris que « Tchou Shing Lun (mon père) rayonne comme les rayons du soleil ». Mon oncle s'est empressé de mettre sa main sur ma bouche et m'a dit de ne plus jamais chanter cette chanson avec ces paroles là. C'était un hymne à la gloire de Mao et pas à la gloire de mon père. Mon père n'aurait jamais dû m'apprendre ces paroles là. Je ne comprenais pas trop les enjeux, toute à la fierté de chanter une chanson en mandarin, et dans l'air du temps. Pour moi, qui ne parlais pas mandarin, chanter en mandarin, en Chine, dans mon pays, c'était montrer que j'avais fait des efforts pour montrer mon envie d'appartenir à ce pays, et d'en faire partie.

Dans le village où habitait la famille de ma mère, j'ai été prise en charge par mes cousines, l'une d'elle avait un an de plus que moi et l'autre un an de moins. Elles s'occupaient de moi comme des petites mères. Je me rappelle que nous courions toutes les trois dès que nous entendions la clochette qui annonçait le passage de ce camelot. Cela me rappelait les rémouleurs dans les rues de la capitale française. En revanche, il ne proposait pas d'affuter les couteaux. Il acceptait tout ce qu'on lui donnait : plumes du poulet qu'on allait manger, tube de dentifrice vide, etc. En échange il remplissait le bol vide qu'on lui tendait de bonbons. Ce n'étaient pas des bonbons à proprement parler, mais cela en avait le goût. Visuellement c'était comme une grosse galette posée sur sa petite charrette. Il avait un marteau et un burin et devait s'en servir pour casser la galette de bonbon en morceaux avant de les mettre dans le bol. J'adorais ça visuellement et gustativement! Des années plus tard, un membre de la famille m'en a rapporté. Hélas le goût de ce cadeau rapporté de Chine n'était plus le même que dans mon souvenir. Courir pour échanger ce qui à mes yeux partait à la poubelle et obtenir en échange du bonbon avait sans doute donné un goût plus savoureux à cette friandise inconnue.

J'étais dévorée par les moustiques. Ils me piquaient entre les orteils et je passais mon temps à me gratter et à me frotter les pieds. Mes cousines se dévouaient à tour de rôle pour me soulager. Elles écartaient mes petits orteils et grattaient délicatement entre eux les boutons laissés par les moustiques. Même eux faisaient la différence, je n'étais pas une locale.

*

J'ai fait un autre voyage en Chine, avec mes deux enfants, alors âgés de 7 et 5 ans.

Nous avons tous les trois retrouvé là bas mon père, sa femme et leur fils, qui étaient déjà arrivés. C'était confortable dans le sens où nous n'avons fait que suivre le mouvement. Mon père et sa femme parlaient tous les deux mandarin, et nous avons été pris en charge. C'était un voyage où nous étions les suiveurs.

Dans Shanghai, dans la rue, les gens s'arrêtaient parfois, ils voulaient toucher les cheveux de mon fils ainé. Ils disaient :

- Regardez il a les cheveux jaunes.

Les cheveux de mon fils ainé ne sont pas jaunes, ils sont clairs. Le brassage des gènes caucasiens de leur père et asiatiques de leur mère, moi, a donné cette teinte qualifiée de jaune par les Shanghaiens de l'époque.

Encore une fois je ne peux m'empêcher de remarquer le paradoxe. En Chine les cheveux de mon fils ainé sont qualifiés de jaune ; en France les Asiatiques sont appelés jaunes.

*

J'ai fait ensuite un voyage en Chine, en solo, à une époque où j'étais en recherche identitaire. J'ai passé quelques semaines seule en Chine, j'ai sillonné Shanghai, à pied, en prenant les transports en commun comme toujours lorsque je voyage dans d'autres pays. J'avais pris quelques cours de mandarin avant de partir, et emporté un dictionnaire français-chinois. Je préparais chaque matin, un itinéraire m'emmenant vers les différents lieux que je souhaitais visiter. J'écrivais en idéogrammes, les noms des lieux, et je partais. Lorsque je me perdais, ce qui ne manquait pas d'arriver, je devais demander mon chemin. Autant dans les transports en commun que dans les rues, tant que je n'ouvrais pas la bouche, je passais inaperçue. Dès que j'ouvrais la bouche pour demander mon chemin, les Chinois,...enfin ceux qui daignaient s'arrêter, car la plupart ne s'arrêtent pas. Ils vous regardent, refusent en secouant la tête et en agitant leur main et passent leur chemin. Les Chinois, ceux qui s'arrêtaient, se mettaient alors, à parler très fort. Ils crient presque, en disant :

- Regardez, elle n'est pas chinoise.

S'ensuivait un attroupement avec des dizaines de paires d'yeux bridés scrutateurs qui cherchaient les différences visibles entre un vrai Chinois et une vraie pas Chinoise.

Une autre anecdote de voyage qui m'a amenée à m'interroger sur mon identité de Chinoise s'est déroulée durant un voyage en Argentine. Alors que je m'extasiais devant les chutes d'Iguazu, j'entendis parler en mandarin. Je m'approchai et dis avec les quelques rudiments de mandarin dont je me souvenais :

- Ah vous êtes Chinois, moi aussi je suis Chinoise ».

Le Chinois le plus grand, m'a toisée et m'a tourné le dos.

Je continuais la visite sans plus y prêter attention. Quelques passerelles plus loin, je rencontrais à nouveau ce groupe de Chinois et là je les entendis parler en wenzhou. Plus facile pour moi, et surtout j'étais ébahie de me dire que moi, Chinoise-wenzhou vivant en France, je rencontrais des Chinois-wenzhou de Chine à Iguazu, à l'autre bout du monde, à la frontière entre l'Argentine et le Brésil !

Je me suis adressée à eux en dialecte wenzhou :

- Je suis wenzhou moi aussi.

Le grand Chinois, celui dont la stature lui conférait une sorte d'autorité naturelle m'a regardée et m'a répondu :

- Tu n'es pas Chinoise, toi !

Il a, de nouveau, tourné les talons.

Depuis ce jour là, je ne dis plus que je sais parler wenzhou, ou mandarin.

Et, comme toute langue étrangère, moins on la pratique, plus on la perd.

*

Je me suis toujours demandée ce qui faisait de moi une Chinoise.

A la maison, on parlait wenzhou, on mangeait wenzhou. Parfois, on mangeait français. Le lundi midi, j'avais le droit à un steack haché de cheval, parce que, selon mes parents, c'est une viande riche et que c'est bon pour la santé. J'adorais les frites et particulièrement quand je faisais une angine. Je me rappelle du Docteur Fleury, un homme d'un certain âge, aux cheveux blancs et à la sacoche en cuir noir, qui venait à la maison. Il m'auscultait et quand il rédigeait son ordonnance, je ne manquais jamais de lui demander si j'avais le droit de manger des frites. Invariablement, il me répondait :

- Quand tu ne seras plus malade.

Ma mère n'aimait pas le jambon blanc. Elle trouvait que ça puait. Elle s'était forcée à en manger. Pour mes parents faire comme les Français était un signe d'adaptation. Ils étaient venus vivre en France, il fallait vivre comme les Français. Enfin, le plus possible. Il fallait se fondre dans la masse, ne pas se faire remarquer. Etre invisibles. Tout en restant chinois. Ne pas faire de vagues. Ne pas parler fort. Etre propres, être bien habillés. Copier les comportements des français. Se fondre dans la masse alors que visuellement nous étions différents avec nos cheveux noirs, nos yeux bridés et notre teint jaune.

A l'époque, les femmes portaient toutes des robes ou des jupes, des talons hauts, les hommes des costumes, des cravates, certains portaient des chapeaux.

J'étais toujours tirée à quatre épingles. Ma mère prenait un soin particulier à m'habiller. J'étais un peu sa poupée. Et surtout j'étais la vitrine de mes parents.

- Travailles bien à l'école.

- Tiens-toi bien.

- Montres leur de quoi nous sommes capables.

- Fais attention, nous ne sommes pas dans notre pays.

- Rends nous fiers

- Nous, on ne sait pas lire et écrire.

- Fais comme eux, mais n'oublies pas, tu n'es pas comme eux.

Toutes ces injonctions ont été pour moi des rails. Enfant, mes parents étaient mon seul horizon, il m'était facile de m'y soumettre. Les rails étaient de belles lignes droites. En grandissant, confrontée aux réalités et aux autres, je m'appropriais la rectitude des rails et en faisais des courbes au gré de mes envies, de mes rencontres et de mes interprétations.

*

De nombreuses années plus tard, lors d'une exposition au musée de l'immigration, un carnet dans une vitrine a attiré mon attention. Un carnet aux pages jaunies et recouvert d'une écriture penchée. Les mots étaient écrits à l'encre.

Les explications indiquaient que c'était le carnet d'un Vietnamien qui était venu en France, enfant, et, qui, 37 ans plus tard avait éprouvé le besoin d'aller voir son pays d'origine, qu'il n'avait pas connu.

Les mots écrits à l'encre formaient la phrase :

- Retourner chez soi, c'est retourner en soi.

France !

Mon grand-père paternel était le sixième garçon d'une fratrie de sept garçons et deux filles. Il était le préféré de son père. Parce que celui-ci le trouvait débrouillard, il allait être celui sur lequel la famille « investirait ». Il serait celui qui partirait en France. Celui qui devrait gagner des sous. Celui qui devrait en envoyer à sa famille restée au pays.

Mon grand-père maternel n'avait que deux enfants : un garçon et une fille. Pour épouser sa fille, il allait choisir un jeune homme dont le père était parti en France, signe d'une certaine réussite, ou plutôt signe d'une possibilité de réussite en Occident. De plus, ce jeune homme, qui deviendrait mon père, était de confession chrétienne, comme lui. Malgré le douloureux souvenir d'une marche forcée et humiliante, dans les rues du village, avec ses chaussures nouées par les lacets autour du cou, marche imposée à cause de sa religion, sa foi était restée intacte.

*

Les visas sont arrivés. Les deux, celui pour elle et celui pour lui. Ma mère et mon père vont pouvoir partir en France ! Son père à lui, qu'il ne connait pas, est déjà là-bas. Il leur a communiqué toutes les informations nécessaires, les différentes étapes, avec quelques adresses repères.

C'est son père à elle qui a posé la condition : un départ à deux ou pas de départ. Il avait trop vu des hommes, jeunes et moins jeunes, partir en laissant femme et parfois enfant au village, refaire leur vie en France et ne se manifester, dans le meilleur des cas, que par l'envoi, de temps en temps, d'une somme d'argent.

Ils sont jeunes, 21 ans tout juste. Elle quitte son emploi d'institutrice. Et lui sa vie oisive de jeune homme. Il n'a pas eu la vie facile jusque là. Sa mère est morte, emportée par une fièvre, alors qu'il n'avait même pas six ans. Parce que son père était en France, il a été élevé par ses oncles et tantes.

Parfois, il lui arrivait de pleurer la nuit, racontant à sa jeune épouse, qu'il avait été très seul. Et qu'enfant, il lui arrivait de se réveiller, peu de temps après avoir été envoyé dormir, et il avait vu l'oncle et la tante qui l'hébergeaient sortir des bons petits plats pour leurs propres enfants.

Maintenant il va pouvoir aller en France avec sa jeune femme, et réussir. Ils ont décidé qu'ils rentreraient après trois ans, le temps de faire fortune.

Son père à elle, dit qu'ils partent loin. Quand il regarde une planisphère, il dit que c'est même plus loin que l'Amérique.

Elle part, elle sait qu'elle doit partir. Elle est la femme, elle doit suivre son mari. Son frère ainé, l'enfant mâle, lui, reste auprès de ses parents. C'est comme ça, la femme suit son mari. Quand à l'homme, il reste auprès de ses parents avec sa femme et ses enfants.

De Chine, aucun visa n'est nécessaire, juste une autorisation. En novembre 1957, ils partent de Guanzhou, en bateau, direction Macao où ils arrivent à 15H30. De là, ils embarquent sur un bateau de pêche. Et à partir de là, ils seront des clandestins jusqu'à Hong Kong. Au milieu du voyage, sur l'océan, ils doivent changer d'embarcation. Ils sont 60 sur le bateau qui les dépose à Hong Kong. Ils sautent pour rejoindre la plage. Il y a un véhicule qui attend. Une espèce de caisse en fer, avec des roues. A travers les vitres, ils voient un homme assis devant, qui tient une espèce de cercle, le volant. Ils se jettent tous sur le véhicule, le secouent, tapent dessus. Ils n'ont jamais vu de voiture. Que faut-il faire ? Ils comprennent intuitivement qu'il faut monter dedans, mais comment ouvrir ces portes ? A force de secouer, de tirer, d'appuyer, la portière s'ouvre. Ils s'engouffrent dedans. Ils s'assoient, ils s'entassent. Le véhicule démarre. Ils se retournent pour voir la police arriver et embarquer ceux qui n'ont pas eu la chance de monter dans le véhicule.

Ils vont à KowLoon, à l'adresse donnée par le père. L'ami du père habite au huitième étage. Le jour de leur arrivée, il n'est pas là et il n'a pas prévenu sa femme. Trois fois dans la même journée, ils se présentent, trois fois elle refuse. Les voisins parlent wenzhou, ils réussissent à convaincre cette femme de les héberger. Durant ce séjour, ils devront demander une carte d'identité de Hong Kong pour pouvoir rester à Hong Kong et un passeport de Taiwan, alors appelé Formose, passeport à couverture vert foncé avec un soleil doré, pour pouvoir quitter Hong Kong.

A Hong Kong, elle fait une fausse couche. Le chirurgien est sorti pendant l'intervention. Il s'adresse au jeune homme :

- La situation est critique. Votre femme a des trompes utérines en très mauvais état. Il va être difficile pour elle d'avoir des enfants.

Il pleure en silence. Dans ce qu'il comprend, il entend que la trompe gauche est en meilleur état que la trompe droite.

- Nous n'avons pas encore d'enfant et nous voulons vraiment en avoir. Pourriez-vous faire quelque chose ?

Le chirurgien se résigne. Il ne ligaturera que la trompe droite et laissera la trompe gauche.

- Mais si elle est de nouveau enceinte, elle risque de mettre sa vie en danger. Je ne peux pas vous garantir qu'elle mènera la grossesse à son terme.

*

Le 24 mai 1957, ils prennent l'avion pour la France. Enfin, ils prennent un avion qui va en Inde, un avion à réaction, qui leur vaudra des bourdonnements dans les oreilles durant une semaine, et qui ne peut emporter que dix passagers. Cet avion fait plusieurs arrêts. Ces arrêts ne laissent pas le temps aux passagers de se détendre, ce ne sont que des arrêts pour faire le plein de kérosène. Le petit avion vole ensuite vers la Suisse et enfin vers Paris où ils sont accueillis par un autre ami.

Ils travailleront pour son père, quelque temps. Le jeune homme est ambitieux, il veut réussir, il veut gagner de l'argent et son père ne lui donne quasiment rien. Ce père qu'il ne connait pas, ce père qui est parti en France en 1937, alors qu'il venait à peine de naitre. Ce père qui a refait sa vie, qui vit avec une française, Henriette, mère d'une adolescente et avec qui il aura un fils Jean-Jacques et une fille Frédérique.

Les choses s'enveniment assez rapidement.

Il décide de trouver un emploi plus rémunérateur. A l'époque, il y a peu de Chinois en France et ils se connaissent tous. Il travaillera d'abord pour un autre Chinois, Tonton Ayan Cong, qui a un atelier où sont fabriqués des portemonnaies en forme de haricot. Il y a une grosse machine dans laquelle on verse un liquide, et de l'autre côté en ressortent des portemonnaies ovales, avec une fente non ouverte au milieu. Il faut ouvrir la fente avant que le portemonnaie ne refroidisse. Il faut attraper les ovales tout chauds dans la main et en exerçant une pression dessus, l'ouverture se fait. Il travaille vite, tellement vite que son collègue souhaite qu'ils fassent panier commun. Par jour, il en fait entre 1800 et 2500, alors que son collègue en fait entre 700 et 1000.

Elle, elle travaille à la maison, à l'époque on dit « travailler à façon ». Les pièces sont apportées chez elle, elle les coud ensemble. Une fois les marchandises assemblées, les marchands viennent les rechercher pour les revendre. Elle travaille nuit et jour, au point que, parfois, elle ne peut plus ouvrir ses mains. Ils n'ont pas de distraction. Ils doivent réussir.

Un soir, pourtant, ils sont invités à diner chez un ami. A la fin du diner, l'ami les raccompagne à l'arrêt de bus qui les ramènera près de leur logement. L'ami prend soin de dire au chauffeur de bus qu'il doit signaler à ce jeune couple quand descendre car ils viennent d'arriver en France et ne parlent pas français.

Le chauffeur de bus conduit et les oublie. Quand il en prend conscience, il a dépassé l'arrêt auquel ils auraient dû descendre. Il leur fait signe de descendre à l'arrêt suivant. Il se dit qu'ils vont marcher et retrouver facilement leur chemin. Peut être s'est-il excusé. Par des gestes de la main, il leur indique la direction et leur fait comprendre que ce n'est pas loin. Ils se mettent en route. Il fait nuit. La nuit, les repères sont différents, chaque coin de rue prend une autre couleur. Chaque devanture, qui semblait familière la journée, devient plus anonyme la nuit. Ils arrêtent une première personne et disent :

- Chapon ? Chapon ?

La personne répond :

- C'est une personne ?

Et eux de sourire et de dire encore « Chapon ? Chapon ? », en hochant la tête.

La personne continue en appuyant un peu plus sur les mots :

- C'est une personne ?

Et eux de répéter "Chapon, chapon". La personne s'éloigne, à contrecœur, en secouant la tête, n'ayant pu les aider.

Ils arrêtent une autre personne et recommencent :

- Chapon ? Chapon ?.

Et le même scénario se reproduit : « C'est une personne ? », « Chapon ? Chapon? », « C'est un café ? », « Chapon ? Chapon ? ». Et à nouveau la personne s'éloigne devant l'impossibilité de savoir ce qu'est « Chapon, Chapon », et devant l'impossibilité d'aider ce couple.

Alors ils marchent, ils marchent. Ils se demandent comment faire pour retrouver leur chambre. Ils commencent à se dire qu'ils sont vraiment perdus. Cependant, quelque chose les empêche d'être totalement paniqués, peut-être leur long périple de plusieurs mois et de plusieurs milliers de kilomètres pour arriver dans ce pays inconnu. Et ils y sont arrivés, dans ce pays inconnu. C'était leur objectif. Ce n'est pas quelques pas de plus dans la nuit de cette grande ville qui allait les tuer après tout ce qu'ils avaient traversé.

Après de longues minutes de marche, il lève la tête et voit la statue plate d'un gros bonhomme doré, barbu et chauve, qui orne la façade d'un immeuble. Cette statue ressemble à Bouddha, version occidentalisée, joviale et ventripotente avec un système pileux plus développé que le Bouddha du continent asiatique. Il dit :

- Je sais, je sais. Je le reconnais. Viens, c'est par là.

Ils marchent, tournent une première fois à droite, puis à gauche, puis à droite. Ils arrivent enfin dans la rue Chapon et peuvent regagner leur chambre.

*

Ils ont fait leurs calculs. Entre le salaire et le travail à façon, ils auront du mal à gagner suffisamment d'argent pour atteindre leur objectif. Ils décident de monter leur propre affaire. Mais ils n'ont pas un sou devant eux. Dans la petite communauté wenzhou de l'époque, il y a un Chinois de grande taille, tonton Wondzi, qui habite Bordeaux.

Ce n'est pas un oncle.

Tous les hommes de la même génération que les parents doivent être appelés « tonton » et toutes les femmes « tata », même s'ils et elles, ne sont pas des oncles et tantes par le sang.

Alors qu'il ne les connaît pas, Tonton Wondzi va prêter de l'argent à ce jeune couple fraîchement débarqué. Il les trouve courageux et travailleurs. Il a raison.

Au commissariat

« Un policier a téléphoné chez nous. Il nous a demandé si nous connaissions Monsieur et Madame Tchou. Quand j'ai dit oui, ils nous ont demandé de venir au commissariat, le plus vite possible. Une fois arrivés, ils nous ont demandé à nouveau :

- Vous les connaissez bien Monsieur et Madame Tchou ?

- Oui oui, bien sûr, on les connaît bien »

On les connaît bien parce que c'est un peu grâce à eux, que nous avons cette maison et ce restaurant dans cette banlieue résidentielle. Leur fille nous appelle Tata Mitjeu et Tonton Ze Té, même si on n'est pas vraiment sa tante et son oncle.

Comment oublier ce qui nous lie ? Oh ! On les connaît depuis longtemps... Tous ces souvenirs...

La naissance de Norbert, mon premier garçon. J'ai accouché dans le passage, devant l'entrée de l'immeuble qui abritait l'appartement des Tchou, à l'époque. C'est leur neveu, qui descendait les poubelles, qui m'a vue, allongée sur le sol. Il est remonté en courant et a prévenu son oncle et sa tante. C'est grâce à eux que les secours sont arrivés et m'ont emmenée à l'hôpital.

Comment oublier aussi le papier du docteur ?

J'étais souffrante depuis quelque temps et après une batterie d'analyses, je ne comprenais pas ce que le docteur français me proposait. Il ne me disait pas clairement ce que j'avais. Je sentais qu'il y avait quelque chose de bizarre. La communication n'est pas facile, dans ce type de situation, quand on ne parle pas la même langue. Alors, j'ai menti, j'ai dit que j'allais partir en Chine, pour me faire soigner, parce que c'était plus facile pour moi au niveau de la langue. Il m'a alors remis un document avec la cause de mon état. J'allais savoir.

Je me souviens, c'est la fille des Tchou, alors adolescente, qui a parcouru des yeux en silence les quelques lignes. Elle a regardé sa mère avec un air triste. Elle a baissé la tête vers la feuille, elle a relu. Et toute gênée, comme si c'était de sa faute, parce que c'était à elle de l'annoncer, elle m'a regardée, moi qu'elle appelait Tata Mitjeu, puis s'est tournée vers sa mère et a expliqué dans un baragouinage qui mêlait français et wenzhou, que c'était écrit avec des mots qui ne nomment pas la maladie, mais qu'il s'agit bien de cette maladie.

Tumeur maligne = Cancer.

Du coup, je suis vraiment partie en Chine me faire soigner, et, je suis revenue guérie.

Comment oublier ?

L'humidité de notre atelier-appartement et sans fenêtre au rez-de-chaussée au fond du couloir n'était pas favorable à ma santé. Ce sont eux, les Tchou, qui ont vu ce bar-tabac qui était à céder, peu de temps après leur installation dans cette commune du Val de Marne. Ils nous ont informés et ils nous ont incités à nous porter acquéreur. C'est ainsi que nous avons aujourd'hui un restaurant. Plus tard, nous avons pu acheter une maison proche du restaurant, et nous avons pu y emménager avec toute notre famille.

Comment oublier ?

Heureusement c'est mardi. Notre restaurant est fermé le mardi. Nous attendons depuis longtemps. Les policiers ne nous ont rien dit.

*

On tape à la porte. Boum. Boum. Dring. Dring. La sonnette. La sonnette. On tape à la porte.

- Putain, c'est quoi ce barouf ? Il est quelle heure ? Putain, il est 11 heures passées. Ça va pas, non ?

A travers l'œilleton, c'est mon oncle Adan que je vois. On ouvre la porte. Il ne prend même pas le temps d'entrer dans l'appartement. Il est en apnée, il dit :

« Allez habillez-vous, vite, vite. Tata Mitjeu a téléphoné, il faut aller au commissariat. Vite, vite, habillez-vous. »

Nous obtempérons. Son ton et l'inquiétude qui se dégage de lui ne nous laisse pas le temps de tergiverser. Nous prenons l'ascenseur. Et nous montons dans la voiture.

Durant le trajet, aucune parole n'est échangée. Nous roulons en silence vers la banlieue. Nous arrivons au commissariat.

Glauque.

Digne des séries B à la télé.

Nous y retrouvons Tata Mitjeu et son mari. Je ne sais plus si nous leur avons fait la bise ou pas. Personne ne sait rien. On nous demande d'attendre.

Tata Mitjeu et son mari, fatigués, s'excusent et rentrent chez eux. Nous restons avec mon oncle Adan, qui est en fait un cousin de mon père. Comme il est de la même génération que mon père, je dois l'appeler mon oncle.

Je fais des vœux, des prières, des trucs et des machins, des pensées magiques. Je me rappelle de ce film de Claude Lelouch où elle attend son compagnon et son fils dans le phare où ils sont logés. Ils sont partis sur un petit bateau faire un tour en mer. L'attente s'éternise. Les minutes deviennent des heures. Elle descend et monte l'escalier du phare, court le long de la coursive autour du phare. Elle recommence, plusieurs fois. Une voix off, sa voix, dit « Si je réussis à monter l'escalier, le descendre, et faire le tour du phare 10 fois, ils vont rentrer ».

Moi, je suis dans un commissariat glauque en banlieue parisienne. Je n'ai pas de phare sous la main. Je promets que si tout va bien, je ne fumerai plus, je serai gentille pour toujours, je ne me mettrai plus en colère, je ne crierai plus. Un type en cellule de dégrisement nous demande une cigarette.

C'est long.

Le policier a l'air nerveux.

*

« Merde ! C'est sur moi que ça tombe ! La nuit où je suis en service. Moi, qui pensais pouvoir rattraper le retard dans mes rapports. Ouais, peut-être aller sur le terrain, pour calmer des jeunes, ou ramasser un mec qui a trop bu, comme celui qui est en cellule de dégrisement.

Enfin, rien de grave. On est mardi, putain ! C'est calme d'habitude, le mardi !

Depuis que j'ai été muté dans cette banlieue, c'est tranquille, banlieue bourgeoise, résidentielle.

Et là, putain ! Quelle soirée ! On n'est jamais assez préparés. Quand on sort de l'école de police, on se croit fort, on se croit invincible, on croit qu'on va sauver le monde.

Putain ! C'est chaud ce que j'ai vu ce soir. On dirait un règlement de compte. Une belle baraque, immense, sur les bords de Marne. Tout ce sang par terre, j'ai failli gerber. Du sang, y'en avait partout. Pourquoi au couteau ? On dirait un règlement de compte. La victime est une femme asiatique de 49 ans, poignardée, elle s'est vidée de son sang. Lui, le mari a pris une balle dans l'épaule. Il est à l'hôpital. Pistolet et couteau. Ouais, un règlement de compte ?

Le resto chinois a pu prévenir un membre de la famille. Je me souviens, on y était allés pour fêter quoi ? Je ne me rappelle plus. Ils sont sympas, ils nous avaient offert le digestif.

Putain ! On vient de me prévenir que leur fille est arrivée. Et c'est à moi de lui annoncer. Je ne m'y ferai jamais. Pour ça, je déteste ce métier. A l'école de police, on n'a pas des cours sur « comment annoncer une mauvaise nouvelle ».

Putain ! Fait chier ! »

*

Enfin on vient nous chercher. Un flic en civil nous précède dans un escalier en colimaçon vers le sous-sol. Encore plus glauque. Il nous apporte une chaise, il n'y en avait que deux. Il s'assoit de l'autre côté du bureau, moche, avec une lampe moche. Tout est moche. La lampe n'est pas braquée sur nous.

- Il est arrivé un accident.

Silence.

- Vos parents ont été braqués.

Silence

- Votre père est à l'hôpital. Il a pris une balle dans l'épaule.

Silence qui dure.

- Et ma mère ?

Silence.

Il baisse la tête, il ne dit rien.

Son silence est long, trop long.

Je ne me rappelle plus s'il a dit « elle est morte », ou si j'ai dit « elle est morte ? ». D'ailleurs qu'est ce que ça change ? En fait, je crois qu'il a peut être répondu un timide « oui » à ma question, mais je ne l'ai pas entendu. Son corps était courbé vers l'avant, sa tête baissée, son regard par terre. Ses mains sous la table. J'ai compris sans avoir besoin d'entendre ce que je ne voulais pas entendre.

J'ai hurlé.

- NOOOOOOOON !

Je me suis levée d'un bond. J'ai saisi le bord de son bureau moche, et j'ai voulu lui envoyer à la gueule.

Mon fiancé et mon oncle m'ont retenue. Je ne me souviens plus du reste.

J'ai juste entendu :

- Il faut l'emmener à l'hôpital.

*

Je me suis retrouvée devant une armoire en verre avec des montants métalliques, contenant des seringues, des bocaux en verre, des accessoires médicaux en métal. J'étais assise par terre, je n'ai pas pu m'asseoir sur une chaise. C'était ma contestation, mon acte de rébellion. C'était un bien pauvre acte de refus de la funeste nouvelle. Je me souviens que je regardais la vitrine en verre, et je me disais que j'allais la soulever par les pieds et la faire basculer. Elle se renverserait. Tout se casserait. Ça ferait beaucoup de bruit. Des morceaux de verre, des objets éparpillés. Des infirmières qui courent. Des gens qui crient. On essaierait de m'attraper, de me calmer. Je hurlerais, ou pas. Je sauterais partout, ou je resterais assise par terre. Je crierais. Je hurlerais encore « NOOOOOOOOOON ». Ce serait le chaos. Comme dans ma tête, comme dans mon corps, comme dans mon cœur. Comme dans ma vie.

Je n'ai pas touché à l'armoire en verre.

Nous sommes repartis dans notre appartement. Mon amoureux m'a tendu le comprimé de Valium donné par l'hôpital.

Ce n'est que le lendemain, au réveil, que j'ai pleuré.

Je crois que je ne me suis jamais arrêtée de pleurer depuis.

Ma naissance et mon cousin-frère

Ils logeaient rue Chapon. Grâce à l'argent prêté par tonton Wondzi, ils avaient pu commencer à acheter quelques ustensiles et machines pour produire par eux-mêmes, avec le moins d'intermédiaires possibles. Ceci afin de gagner plus de sous.

Pour pouvoir rester dans le logement de la rue Chapon et y travailler, il fallait une carte d'artisan. Mon père ne l'avait pas encore obtenue. Alors ils avaient déménagé vers la rue du Temple. Un appartement en enfilade, une entrée-couloir-cuisine-salle d'ablutions, puis une autre pièce dans laquelle ils avaient installé une grande table-atelier où il allait découper le cuir pour en faire des porte-monnaies entre autres. A côté, un vague canapé, qu'ils dépliaient le soir pour dormir.

Ils travaillaient beaucoup. Ils ne faisaient que ça. Dans l'immeuble, il y avait un autre Chinois, un Wen. Et au rez-de-chaussée, un Français, Gaston, qui était toujours en costume-cravate car il vendait des cravates dans sa boutique. Je me souviens, ils rigolaient bien, Gaston et le Wen dont le nom m'échappe aujourd'hui. Je me rappelle d'une histoire de cravate que Gaston avait autour du cou, et que son ami wen avait coupée avec une paire de ciseaux dans sa hauteur, dans le feu de la blague. Cette histoire avait fait beaucoup rire mes parents.

*

C'est dans cet appartement que, l'homme qui allait devenir mon père se réveilla un matin, en disant : « J'ai fait un rêve. Nous aurons un enfant, ma chérie. J'ai rêvé d'un arbre, c'était un pommier avec plein de pommes. Des pommes rouges, toutes grosses, belles, mais elles tombaient toutes, au sol. Toutes, sauf une, une seule est restée sur l'arbre. C'était la plus belle, la plus grosse, la plus brillante. Tu vois, c'est un présage, nous allons avoir un enfant. »

De fait, après une ou deux grossesses, ceux et celles qui auraient dû être mes ainés tombèrent comme les pommes du pommier du rêve de mon père, et ma mère fut à nouveau enceinte.

Le médecin qui l'examina, dit :

- Ne faites rien, ça ne tiendra pas, comme les autres.

Mes deux parents s'écrièrent, d'une seule voix :

- Ah non, celui-là on le veut !

- Alors rentrez chez vous, allongez-vous Madame, et restez couchée jusqu'à la fin de la grossesse.

*

Le corps de ma mère se refusant jusque là à mener une grossesse à terme, mon grand père paternel avait demandé à son fils de divorcer.

Pourtant, quand ma mère accoucha, il vint la voir à la clinique. S'était-il senti obligé de venir parce que ça se fait ? Ou pour constater de ses propres yeux le fruit de cette grossesse improbable ?

Il fut rejoint par Henriette, sa compagne de l'époque.

Mon père qui était parti à la mairie faire la déclaration de naissance, revint « bredouille » et penaud. Comme prénom, il avait choisi Hei. Hei, c'est l'un des trois généraux de l'épopée « Les trois royaumes ». C'est celui qui était vaillant et travailleur. Pas le plus fort et le plus courageux, parce que celui-là n'était pas assez travailleur, aux dires de mon père.

Ma mère avait choisi Zon. Zon, parce qu'en Chine, un prénom est toujours composé de deux idéogrammes. Que veut dire ce premier idéogramme Zon ? Je ne sais pas. Il est le même premier idéogramme que celui de mes cousins, les enfants de mon oncle, le frère de ma mère. Ils sont nombreux, je suis seule. Il m'est souvent venu à l'esprit que ma mère m'avait donné ce premier idéogramme pour se rapprocher de sa famille et de ce frère ainé restés là bas. Et aussi sans doute, pour que je fasse partie d'une fratrie. Savait-elle déjà qu'elle ne pourrait pas avoir d'autres enfants ?

Zon Hei. L'employée de la mairie avait refusé « Zon Hei ».

Pas français. Mon père n'a compris que cela. Je l'ai imaginé devant le comptoir avec les documents de la clinique et ne comprenant que le refus de l'employée de l'état civil qui brandissait un calendrier en montrant de son index les jours et les mots affichés devant chaque jour. Est-ce ce type de refus qui a été à l'origine des Fêt. Nat et autres Isidore ?

Mon père revenu à la clinique demanda à ma mère en substance :

- Comment allons-nous faire ?

Ils ne parlaient pas français. Comment donner un prénom français à son enfant, quand on ne parle pas français ? J'ai toujours imaginé qu'ils avaient eu l'angoisse de m'appeler Table ou Chaise ou Baguette.

Peut-on dire « heureusement » ? Ce jour-là, le jour du refus de l'employée de mairie, mon grand-père paternel était là avec Henriette. Il a servi de traducteur et Henriette a voulu choisir le prénom du bébé.

Ma mère s'y est farouchement opposée :

- C'est mon bébé !

Alors Henriette a énuméré tous les prénoms féminins qu'elle connaissait. Catherine, Marie, Paulette, Valérie, Germaine, Caroline, Georgette, Jacqueline, Ginette ... et Rosemonde.

Ma mère a dit « Stop ». Et là, j'ai deux versions. Celle de mon père qui dit qu'ils ont demandé à mon grand-père d'expliquer la signification de ce prénom, genre la rose du monde Et la version de ma mère qui dit :

- Je n'avais jamais entendu ce prénom. Et j'avais eu tellement de difficultés à avoir un enfant que je voulais un prénom que je n'avais jamais entendu.

J'aime mieux la version maternelle parce qu'elle me permet de mettre un peu de légèreté et de dérision dans ces explications. Car à chaque fois que je repense à cette anecdote, le seul prénom qui me vient et qu'on n'entend pas souvent est Cunégonde et je me dis que j'ai eu de la chance.

Cela me permet sans doute, aussi, de m'en sortir avec une pirouette pour ne pas incarner la « rose du monde ».

Le prénom français a ainsi été choisi. Il a été accepté par l'employé de la mairie. Je ne peux m'empêcher de m'interroger avec effroi et rire nerveux sur le pouvoir qui est conféré à un.e employé.e de mairie sur le choix d'un mot qui sera celui par lequel on vous appellera toute votre vie.

Zon Hei était mon premier prénom et Rosemonde le second. On s'était plié aux règles de la France, mais on restait chinois, tout de même.

L'année dernière, la mairie, la même que celle où mon père était allé faire la déclaration de naissance, a accepté, à ma demande, de faire disparaitre Zon Hei pour ne laisser que Rosemonde sur mon état civil. L'employée de l'état civil m'a dit que la disparition de Zon Hei ne serait sans doute pas acceptée. Ce qui serait accepté serait de mettre Zon Hei après Rosemonde. Pour constituer le dossier, j'avais dû fournir entre autres documents les bulletins scolaires où seul Rosemonde figurait, et pour convaincre l'administration de l'état civil d'effacer Zon Hei, j'ai joint le document de naturalisation de mon père qui indiquait que son prénom est Alain, sans conserver le Shing Lun d'origine. J'ai eu du mal à faire disparaitre Zon Hei, car j'avais l'impression de trahir mes origines. Cette petite argumentation via un dossier eut le mérite de mettre en avant mon objectif de simplification et de ne pas me laisser envahir par des émotions qui n'avaient pas leur place.

*

Ma mère m'a dit un jour que leur situation s'était améliorée du jour où je suis née. Etait-ce une projection de sa part, tout à la joie d'avoir enfin un enfant ou était-ce le résultat de tous ces jours et ces nuits de labeur pour atteindre un objectif toujours repoussé ?

Elle m'a raconté que lorsque j'étais petite, ils achetaient des crevettes. Ils les épluchaient soigneusement, me donnaient la chair, tandis qu'eux suçaient la carapace pour accompagner leur bol de riz.

De même pour les oranges. Ils les pelaient, me donnaient la chair juteuse, et suçaient ce qui restait.

*

Un jour, nous sommes allées rendre visite une de ses connaissances, une Chinoise de Taiwan. Je ne sais pas pourquoi, les Chinois de Taiwan exerçaient sur ma mère une sorte de fascination. Ils étaient, d'après elle, plus cultivés, plus « propres ». Bref, ils étaient mieux que les Chinois de Chine Populaire, qui étaient à ses yeux trop ...populaires ...

Cette femme avait dans son appartement une vitrine avec de nombreux bibelots en tous genres. J'étais gamine et je me suis attardée devant cette vitrine pleine de jolies choses. Elle m'a dit :

- Tu peux choisir ce que tu veux.

J'ai pointé mon doigt vers une poupée.

- Ah non, celle là tu ne peux pas la choisir.

J'ai pointé mon doigt vers un autre objet.

- Ah non, celui là tu ne peux pas le choisir.

Au bout de plusieurs objets pointés et refusés, je n'ai plus osé. Elle a alors ouvert la vitre de son meuble, a pris un objet composé de deux boules, l'une représentant le corps, et l'autre la tête. La tête était reliée au corps par une petite tige en bois type allumette. Le tout représentait un personnage asiatique surmonté d'un chapeau de paille dans le même matériau que les deux boules, et mesurait environ sept centimètres de haut. Cet objet était non seulement petit mais sans aucune couleur ou promesse de jeu pour la petite fille que j'étais. Depuis ce jour, je suis attentive à cette formule « Ce que tu veux », en me rappelant de ce « tu peux choisir ce que tu veux » plein de promesses, pour au final ne pas être « ce que je veux ». J'ai toujours cet objet, comme un gardien du poids des mots.

*

Tous les matins, nous prenions un petit déjeuner à la française, café au lait et tartines beurrées. Je descendais ainsi de l'appartement, avant l'école avec quelques pièces dans la main. Une fois arrivée dans la cour, je criais en levant la tête :

- Maman, une demi-baguette, non moulée, bien cuite ?

Elle se penchait à la fenêtre et disait :

- Oui, c'est ça.

Je partais en trottinant vers la boulangerie située sur le même trottoir. Je revenais avec la demi-baguette que nous avalions coupée d'abord en quart, puis dans la longueur, puis beurrée, et enfin trempée dans le café au lait tout chaud. Commencer la journée en préparant la baguette, le beurre, le café au lait chaud, c'était un signe d'intégration, et, comme un gage de passer une journée en France, le plus possible comme des Français.

Je partais ensuite pour l'école primaire, rue des Vertus, en repassant devant la boulangerie où m'attendait la fille du boulanger, ma petite copine blonde.

Des années plus tard, cette copine blonde est devenue la patronne de cette boulangerie. Nous nous sommes reconnues alors que j'achetais une pâtisserie. Entre la retenue et ma peur de me laisser submerger par l'émotion, nous n'avons pas échangé plus que quelques phrases de politesse.

*

J'ai grandi dans cet appartement jusqu'à mes sept ans environ. Avant l'école primaire de la rue des Vertus, j'allais à l'école maternelle près du Square du Temple. Ma maitresse ressemblait à mamie Nova et s'appelait Madame Ronchon. Ma mère l'appelait Madame Cochon. Cela la faisait beaucoup rire alors que cela me mettait en colère. Et de me voir en colère la faisait redoubler de rire.

J'ai été invitée par une petite copine d'école à un goûter chez elle. Elle avait sa chambre à elle, alors que nous avions le même âge. Je me suis écriée :

- Oh tu as de la chance, moi mon lit, il est sous la table où mon papa travaille et le soir, on doit le tirer de dessous la table pour que je puisse dormir dedans !

Ma mère, mortifiée, sourit, de ce fameux sourire asiatique qui semble en dire long sans rien dire, qui cache une gêne, mais qui sauve la face. Ce sourire asiatique, j'y repenserai des années plus tard, par similitude, lorsque j'entendrais parler, dans un cours d'histoire de l'art, du sourire grec des sculptures de la période archaïque.

*

A l'époque, les services culturels de l'ambassade de Chine organisaient une fête pour le double dix, le dix octobre, dixième jour du dixième mois de l'année, qui n'est autre que la commémoration du 10 octobre 1911, date de la révolution chinoise contre la tyrannie du dernier empire manchou, qui a ouvert la voie au progrès social dans les pays d'Extrême-Orient et permis l'avènement républicain en Chine.

En résumé, c'est la date du renversement de la dictature en Chine, un événement de première importance, qui équivaut à la date de la prise de la Bastille le 14 juillet 1789 pour les Français.

Mes parents m'emmenèrent à cette fête qui avait lieu un dimanche après midi à la Maison de la Mutualité. C'était pour eux l'occasion de retrouver tous les Chinois de Paris, qui s'étaient déplacés pour l'occasion. Je trottinais derrière eux, dans ma robe et mes chaussures du dimanche.

La cloche sonna le début du spectacle et nous nous rendîmes à nos places. Cette année là, c'était un Chinois, chanteur genre cantatrice mais en masculin. Vêtu d'un costume bleu marine, une main appuyé sur un piano à queue, il chantait. Est-il utile de dire que cela ne m'a pas du tout emballée ? J'ai regardé le temps d'un demi-morceau, et je me suis glissée sur le sol moquetté, pour jouer avec des bouchons de couleur dont j'avais rempli mes poches. Mes parents achetaient, à l'époque des bouteilles de vin blanc bon marché pour faire la cuisine, dont les bouchons étaient verts, rouges, jaunes, bleus. De vraies possibilités de jeux pour la petite fille que j'étais. Jusqu'au moment où en ayant mis plusieurs bouchons dans ma bouche, j'en avalai un. Enfin je ne l'avalai pas tout à fait, il resta coincé au niveau de la gorge, ne pouvant ni remonter, ni descendre. Je tirai sur la robe de ma mère :

- Maman j'ai avalé un bouchon.

J'ai dit cette phrase en wenzhou. Captivée par le concert, contrairement à moi, elle me répondit :

- Un biscuit, ce n'est pas grave.

En wen, biscuit et bouchon ont presque la même consonance, ajouté au fait que mon élocution était entravée par le bouchon dans la gorge et que le chanteur même s'il n'avait pas retenu mon attention, chantait assez fort. Voyant que ma mère ne comprenait pas et ne m'accordait pas l'attention nécessaire à la situation qui commençait à me faire peur, je dis en français :

- Non, un BOUCHON.

Et là, elle comprit, se leva d'un bond, m'attrapa, héla mon père et nous partîmes tous les trois vers la sortie de la Maison de la Mutualité. Nous roulâmes vers les urgences de l'Hôtel-Dieu alors que j'étais installée sur les genoux de ma mère, à l'avant, dans la 404 break. Le bouchon m'empêchait d'avaler ma salive. Je bavais tout ce que je pouvais, noyant les mouchoirs en tissu de ma mère. Dans la salle d'attente, je demandai à boire, et une bouteille en verre d'eau minérale fut apportée avec un verre en verre. Un de ces verres qui ont un chiffre dans le fond et qui déclenchaient les rires des enfants lorsqu'ils jouaient à avoir l'âge indiqué par le chiffre apparaissant au fond. Une fois l'eau avalée, j'allais beaucoup mieux. Je dansai dans la salle d'attente. Je fus examinée et le médecin déclara qu'il fallait m'emmener à l'hôpital des enfants malades, l'hôpital Necker. J'étais ravie, j'allais être dans une ambulance, qui faisait pin pon. Notre véhicule serait prioritaire et tous les gens devraient nous laisser passer. J'étais contente ! Les infirmiers m'ont allongée sur le brancard qui fut glissé dans l'ambulance, dans laquelle ma mère prit place près de moi. Mon père suivait avec le break comme il pouvait, l'ambulance qui avait actionné son gyrophare et sa sirène. A l'hôpital Necker, le médecin proposa de me garder en observation une semaine. Devant l'inquiétude de ma mère, il accepta que je rentre à la maison, tout en exigeant que mes selles soient examinées durant une semaine afin d'y retrouver le coupable bouchon. Ma mère a touillé pendant une semaine, j'imagine même plus tellement elle était inquiète. Mais aucun bouchon n'est apparu. On ne saura jamais de quelle couleur était ce bouchon...

*

Nous avons déménagé, peu de temps après vers un atelier-appartement, plus grand, avec une vraie chambre, rue des Gravilliers. Mon ours en peluche de la rue du Temple était moche et vieux, il avait les yeux qui ne tenaient pas bien et ma mère les recousait régulièrement. L'ai-je oublié ou mes parents m'ont-ils aidée à l'oublier ? D'après mon père, il est resté plusieurs nuits assis sur la boite aux lettres jaune, adossé à notre immeuble. Une nuit, je le pleurais tellement que nous sommes retournés le chercher. Hélas, il était parti.

*

C'est dans ce nouvel appartement que mes parents, dont la situation économique s'améliorait, se rendirent aux demandes du frère de ma mère. Il voulait que mes parents fassent venir en France un de ses fils pour que celui-ci, plus tard, devienne le support financier de sa famille, restée au village. Mes parents firent les démarches nécessaires. Sans succès. A l'époque, les autorités administratives françaises autorisaient les entrées sur le territoire français à la condition que le lien familial soit direct. Un neveu, c'est non. Un fils, c'est oui.

Alors mes parents firent établir en Chine un certificat de naissance. Je me souviens d'un tampon rouge sur des idéogrammes bien calligraphiés. Tout était certifié, tout était en règle. Je me suis retrouvée le temps d'un certificat avec un frère aîné administratif. Comme si ce n'était pas déjà assez compliqué les familles ...C'est celui que j'appellerais plus tard, mon cousin-frère.

Il était le second enfant mâle d'une fratrie qui comptait sept enfants. Le fils aîné resta au village, comme le veut la tradition.

Et mon cousin-frère est arrivé en France. C'est moi qui lui ai donné son prénom français. Je ne me rappelle plus si ce prénom français est inscrit sur ses papiers. Je l'ai appelé Jean-Claude. Je crois qu'on ne l'a quasiment jamais appelé par ce prénom.

Il savait que mes parents n'étaient pas ses parents. Il les appelait tonton et tata. Enfin des mots wen qui veulent dire tonton et tata mais qui expriment le degré de parenté. Les mots pour dire « tonton » et « tata », quand on est oncle et tante du côté du frère ou du coté de la sœur ne sont pas les mêmes. Dans une fratrie, les frères et les cousins qui portent le même nom de famille seront des oncles et leurs femmes des tantes de l'intérieur. Alors que les sœurs et cousines seront des tantes et leurs maris, des oncles de l'extérieur.

Quand j'étais petite, et aussi, parce qu'il y avait relativement peu de Wen dans notre entourage, ils étaient tous « tonton » et « tata ». J'ai essayé, quelques années plus tard, en m'aidant d'un arbre généalogique simplifié, de donner les qualificatifs appropriés à chaque tonton et chaque tata ; je m'y suis perdue. Ils seront toutes et tous, pour moi : « tonton » et « tata ».

Et mon cousin-frère ? Est-ce que je l'appelais, Jean-Claude ? Je ne me souviens pas. Ce que je savais pour sûr c'est que c'était mon cousin germain. Et que je devais le considérer comme un frère.

Quelle ne fut ma surprise lorsque j'entendis une conversation entre ma mère et mon père :

- Tu sais ce qu'elle m'a dit, Madame... Elle a dit qu'on avait bien fait de faire venir un neveu. Car ainsi il pourrait plus tard être le mari de notre fille.

Je ne savais pas de qui parlait ma mère. Et j'avoue que je ne voulais pas le savoir car j'aurais certainement été très en colère contre cette dame. Pour moi il était un cousin germain génétique et un frère administratif. Et ces deux raisons empêchaient un mariage, si tant est qu'il en avait été question.

Une connaissance wen, venue rendre visite à ma mère, prit un biscuit dans la boite en fer que ma mère lui présentait. Visiblement, ce biscuit, dont elle avait pris une bouchée ne lui convenait pas et elle le remit dans la boite. C'était l'époque où j'apprenais à l'école les « bonnes manières ». J'ouvris des yeux écarquillés et fut tentée d'intervenir. Ma mère me calma d'un regard.

Si cette femme était capable de remettre dans la boite un biscuit dans lequel elle avait croqué, alors elle était capable, dans mon esprit d'enfant, de suggérer un mariage entre mon cousin-frère et moi.

J'ai honte mais j'avoue qu'il m'arrive encore parfois d'avoir ce type d'équations simplifiantes.

*

La brouille

Après l'atelier-appartement, mes parents purent accéder au commerce avec pignon sur rue. La boutique en face de notre appartement-atelier était disponible. Elle comportait aussi un étage avec un appartement qui pouvait nous loger tous les quatre.

Mon cousin-frère n'était pas très enclin à faire des études traditionnelles. Il fut orienté vers un CAP de maroquinerie.

Sous les injonctions de son père resté en Chine, le moment fut venu de lui trouver une épouse. Ce n'était pas à lui de choisir. Des membres de la communauté wen se mirent en quête de la jeune fille comme il faut. Comme il faut veut dire d'origine wen, en premier, ensuite elle devait correspondre à des critères édictés par la communauté. Comme pour un objet, un appartement ou une voiture.

La famille du garçon doit offrir bague, collier etc. La coutume veut que le jour de la réception, une table soit dressée, à l'entrée du restaurant, pour recevoir les invités. Ceux-ci doivent se présenter en indiquant leur nom et prénom et tendre une enveloppe rouge, dans laquelle ils ont glissé des billets. La somme représentée par ces billets est en corrélation avec le degré de parenté qu'il y a entre l'invité et les mariés et leurs familles. Plus on est proche plus la somme est importante. De plus, la somme pour un invité est multipliée par le nombre de personnes qui l'accompagnent au mariage. Ceci afin de permettre de payer votre couvert. Si le coût de la réception est inférieur à la somme récoltée, l'excédent est en théorie, donné aux mariés.

Je n'ai pas le souvenir que mes parents aient été pro-actifs de cette tradition. Peut être cette pratique souhaitée d'un côté et seulement tolérée et acceptée de l'autre montrait-elle déjà le début de divergences de points de vue qui allaient alimenter une situation qui n'allait pas tarder à s'envenimer. Mais, j'étais jeune et trop occupée à choisir ma tenue pour m'intéresser à ce genre de « détails ».

La suite des relations entre mon cousin-frère, sa jeune épousée et mes parents est un peu floue pour moi. Ce qu'il me reste, c'est une énorme brouille, avec intervention de la police puis inscription de ce qui s'était passé dans le registre des mains courantes. Déjà la police...

Est-ce mon cerveau qui n'a pas voulu retenir ce qui s'est passé ? Est-ce mes parents qui m'ont préservée ? Je ne sais pas. Pour autant, j'étais adolescente, et la violence que j'ai ressentie a participé au fait que j'ai, pendant de longues années, pris la fâcherie de mes parents à l'égard de mon cousin-frère pour mienne.

Beaucoup plus tard, j'ai tenté de renouer avec ce dernier. Les années, les non-dits, et surtout la raison pour laquelle j'ai tenté de renouer avec lui n'ont pas permis de créer ou de recréer un lien entre nous.

Il n'y eut plus de relation entre mon cousin-frère, sa femme et mes parents. Ce fut une époque très triste pour ma mère. Je me souviens d'elle, assise sur un tabouret haut devant la caisse de la boutique. Elle avait devant elle un bloc de papier-avion, un papier super léger car l'affranchissement était en fonction du poids de la lettre. Elle passait des heures à écrire au stylo plume en idéogrammes à sa famille. Je ne saurai pas dire ce qu'elle écrivait car je ne savais ni lire ni écrire en chinois J'imagine qu'elle exprimait sa tristesse d'être éloignée de sa famille, tout en racontant ses préoccupations de maman et sa détresse devant la brouille avec son neveu.

Je me souviens qu'elle avait été très abattue lors d'une lettre reçue de son frère qui prenait le parti de son fils.

Elle se retrouvait seule en France, loin de sa famille. Son frère, et ses parents n'étaient pas de son côté, au propre comme au figuré.

L'enquête

Le lendemain, au réveil, secouée par les larmes, j'ai dû me lever, me laver, m'habiller. Faire tous les gestes du quotidien, tous les gestes que l'on fait dans une vie normale. Alors que pour moi la normalité n'existait plus, elle avait volé en éclat dans un sous-sol de commissariat de banlieue. Je ne me souviens plus si j'ai pris un petit-déjeuner. En prenais-je à l'époque ? Je ne sais pas, je ne sais plus. Est-ce dans ce genre de situation qu'on parle d'un avant et d'un après ?

Il fallait aller voir mon père. Les flics nous avaient dit qu'il était à l'hôpital Saint-Camille à Bry-sur-Marne. Je me souviens qu'il faisait gris. Tout était gris, sans saveur, sans couleur. J'avais l'impression d'être dans un rêve-cauchemar éveillé, dans le coton. Tous les bruits étaient trop forts, tous les feux rouges étaient trop violents. J'agissais comme un robot, avec les gestes à accomplir, les paroles à dire. J'aurais voulu pouvoir faire tout, tout pour me réveiller, pour revenir à avant. J'allais me réveiller. Ce n'était pas possible.

« Je suis dans un mauvais film. Ca n'arrive que dans les films. Ca n'arrive pas dans la réalité, ça NE PEUT PAS m'arriver à moi. Je ne veux pas que ça m'arrive. Je veux retourner à ma vie tranquille, simple, à ma vie d'avant. »

Est-ce ce type de réflexion qui fait qu'on dit qu'on est en état de choc ? Quand on ne sait plus quelle heure il est, quand on fait toutes les choses machinalement, comme si, quelque part, tous les gestes avaient été enregistrés dans notre cerveau, qui dit au corps : va aux toilettes, va dans la cuisine, ouvre le tiroir, prends une cuillère, va dans le frigo, prends un yaourt, remplis ta cuillère, porte la à ta bouche ? Tous ces gestes qui indiquent qu'il y a la vie, la vie d'avant, la vie avec maman. Pourquoi, quand on n'a plus de maman, ces gestes sont-ils encore là, présents ? Pourquoi ces gestes faits machinalement fonctionnent-ils encore, alors qu'ils ne devraient plus fonctionner ?

Le tiroir ne devrait pas s'ouvrir. La cuillère ne devrait pas être dans le tiroir. Le yaourt ne devrait pas être dans le réfrigérateur. L'opercule ne devrait pas s'arracher, le yaourt blanc devrait être noir, vert, transparent. Je ne sais pas mais pas blanc, pas comme avant. Tout devrait être différent. Tout devrait être à l'image de la dévastation, du vide qui s'est installé, qui s'est emparé de moi. Je n'ai plus de maman !

Pourquoi tout est quand même comme avant ? POURQUOI ?

Quand nous sommes arrivés à l'hôpital, j'étais toujours dans cet état cotonneux, nauséeux. Comme si j'étais dans un film de science-fiction, je posais un pied devant l'autre dans le brouillard. Je pensais : je vais me réveiller. Et en même temps, tout ce que j'avais dû mettre en place depuis mon enfance était plus que présent. Prendre en charge les papiers, demander des informations aux infirmières, prendre en charge mon père, prendre en charge tout. Parce que je savais lire, écrire, parler français, parce que j'avais fait des études, parce que j'étais fille unique, parce que j'étais vivante.

Quand je me suis présentée au chevet de mon père, j'ai vu qu'il avait le bras en écharpe. Je ne me rappelle plus si je l'ai embrassé. Je me suis approchée de son lit d'hôpital, et il m'a dit :

- Tu n'auras plus jamais de mère.

J'ai baissé la tête comme si c'était une punition parce que j'avais fauté, j'avais mal fait quelque chose. J'ai dit dans un souffle :

- Oui, je sais papa.

Il me semble que nous ne sommes pas restés longtemps. La police voulait m'interroger.

L'enquête commençait.

*

Ce n'était plus le commissariat de la veille. Nous nous sommes rendus à Créteil. Mon fiancé avait pris quelques jours de congé pour rester avec moi. Quant à moi, inutile de prévenir mon employeur. Il était au courant, mon employeur, mon père.

Les flics m'ont interrogée. Mes parents avaient-ils des ennemis, mes parents faisaient-ils du black ? Ils cherchaient tous azimuts. Ils m'ont questionné sur les tontines. Ce système d'entraide qui permet de monter une affaire sans avoir à passer par les banques. J'avais l'impression qu'il y avait une sorte d'étude sociologique en plus d'une enquête policière.

Les questions qu'ils me posaient sur les tontines montraient qu'ils ne savaient pas trop comment ça fonctionnait, croyant que cela pouvait être une des pistes ayant mené au drame. Or une tontine, chez les Wen est un système basé sur l'entraide. Celui qui a besoin d'argent pour monter son affaire, va demander de l'aide financière à son réseau. Ceux-ci vont mettre chacun la même somme sur une période donnée, et seront remboursés sur un principe de loterie.

Et moi, aux flics, j'ai parlé, parlé. Je voulais les aider, je voulais que tout redevienne comme avant, comme si lorsqu'on trouverait les salopards qui avaient fait ça, ma mère allait revenir. Comme si je retrouverais ma vie d'avant et je retrouverais ma maman.

J'ai dit qu'il y avait un coffre dans la maison, j'ai dit que j'avais un cousin-frère avec lequel mes parents étaient brouillés. J'ai répondu à leurs questions. Par moments, j'avais le sentiment que c'était moi la coupable, tellement ils me harcelaient de questions.

Le ton et le comportement de ces flics ne me ménageaient pas. Ils étaient froids, insistants, cassants. Ils cherchaient, ils voulaient trouver. Il leur fallait un indice, une piste. Je n'ai pas souvenir de mots gentils, de douceur, de compassion. Est-ce que les flics ont déjà eu une mère assassinée ?

Le seul nom dont je me souviens aujourd'hui c'est celui d'un inspecteur. L'inspecteur Viala. C'est le seul qui ait été un peu plus humain. Mais j'étais dans un tel état que ma mémoire n'a certainement retenu que ce qui, oserais-je dire, lui convenait.

Pour eux, un coffre, c'était enfin une piste. L'argent ! Ils nous ont emmenés dans une voiture de flics. Une voiture banalisée, de couleur sombre avec un gyrophare à l'intérieur. Le son de la sirène et sa lumière bleutée avertissaient les autres véhicules et les piétons. Tout le monde doit vous laisser passer. Nous étions assis à l'arrière. Nous étions importants. Importants parce que ma mère est morte, assassinée, importante parce que victime, et fille de victime. Il fallait aller vite. Comme si le coffre allait s'envoler. Nous étions coupables, coupables d'être vivants et d'avoir un coffre dans une maison. Qui avait peut être valu à ma mère de mourir.

J'étais coupable d'avoir une mère qui s'était faite assassiner.

En d'autres temps, j'aurai trouvé ça grisant d'être dans une voiture prioritaire, devant laquelle tout le monde s'écarte. Sauf que là, je n'avais pas du tout envie d'être importante. Je voulais juste que tout s'arrête et que tout redevienne comme avant.

Ils ont pris l'argent qui était dans le coffre. La somme était conséquente. Elle aurait des conséquences médiatiques.

Est-ce qu'ils sont allés interroger mon cousin-frère ? Je ne sais pas. Nous n'étions plus en relation.

*

Mon père est sorti de l'hôpital. Nous avons dû trouver un endroit pour vivre. Impossible de retourner dans la maison, nous avions peur. Et parce que nous voulions qu'il ait une chambre pour lui, des amis de mon fiancé, dans leur grande générosité, de l'autre bout du monde, nous ont aidés, en nous prêtant leur appartement vacant. Et puis, finalement, nous avons décidé de réintégrer notre deux pièces avec mon père. Nous étions paumés. Nous prenions les choses comme elles venaient, au jour le jour.

La façon dont nous avons organisé notre appartement avec mon père nous a, ensuite, amenés à réintégré la maison sur les bords de Marne. Je ne me rappelle plus ce qui a précédé cette décision. Je me souviens seulement d'une discussion où j'ai émis l'hypothèse de la vendre. Mon père s'y est opposé, c'était son projet. Nous n'avons jamais parlé de ce qu'il ressentait. Je n'ai pas osé insister. S'est-il accroché à cette maison, qu'il avait dessinée, dont il avait suivi la construction, jour après jour, pendant plus d'un an, alors que ma mère tenait la boutique, seule, durant ce temps ? Peut-être. Voulait-il garder cette maison pour se confirmer qu'il n'avait pas tout perdu ? Je ne sais pas. J'ai obéi. Nous n'avons pas vendu la maison et nous sommes retournés y vivre, tous les trois. Mon fiancé avait fait nettoyer le sol de l'entrée par les employés de la mairie. Je crois que je n'ai pas réalisé ce que ce geste, que j'ai estimé « normal » dans les événements que nous traversions à ce moment là, a pu toucher sa sensibilité.

Je ne l'ai pas remercié comme je le remercierai aujourd'hui de ce qu'il a fait. De tout ce qu'il a fait.

*

Noël, le premier Noël tous les trois. Papa, mon fiancé et moi. Sans elle, sans ma mère, sans maman. J'ai pris l'initiative d'aller chez le charcutier-traiteur, j'étais désormais la seule femme de la maison. Je voulais acheter quelques plats goûteux, pour marquer Noël. Cela a été un moment terrible. J'ai cru que j'étais forte et je ne l'étais pas. Il y avait des lumières partout, des guirlandes, des boules de Noël rouges, des feuillages verts, des nœuds dorés. Les gens faisaient la queue, ils achetaient, ils demandaient, ils riaient, se faisaient conseiller, et un peu de boudin blanc, et un peu de foie gras, avec de la gelée, et ... J'ai tenu jusqu'au bout, vaillamment. J'ai fait la queue, les larmes coulaient malgré moi, je n'arrivais pas à partir, j'aurai pu rentrer sans rien, personne ne m'en aurait voulu. Je ne sais plus ce que j'ai commandé.

D'ailleurs, on s'en fiche. Je ne sais même plus si on a mangé. Nous n'avons pas attendu minuit. Le Père Noël cette année ne passerait pas. Avant de regagner nos chambres, nous sommes allés dans l'entrée et nous avons baissé la tête devant l'endroit où elle avait été allongée, devant l'endroit où elle était morte. Puis nous sommes partis nous coucher. Pour ne pas avoir à parler, pour ne pas avoir à se regarder, pour ne pas pleurer ensemble, pour ne pas montrer notre détresse, notre impuissance à consoler l'autre. Je ne voulais pas en rajouter à la tristesse de mon père et à sa blessure physique. Il ne parlait pas. Il n'a jamais beaucoup parlé. Nous n'avons jamais parlé de ce que nous ressentions. Encore aujourd'hui.

*

Et puis, nous avons décidé de rouvrir la boutique, papa et moi. Nous passions de longues journées assis. Le mois de janvier est un mois calme pour le commerce. Il l'est encore plus quand la boutique a été fermée. Ma mère disait toujours :

- Les clients ne sont pas fidèles. Si tu fermes, ils vont ailleurs et ne reviennent pas.

C'est la raison pour laquelle, durant toutes ces années, mes parents n'étaient jamais partis en vacances.

Je n'avais pas l'esprit à lire ou à quoi que ce soit. Je passais mon temps à pleurer. Et à regarder l'heure. Mon père et moi ne nous parlions pas, ou seulement pour les nécessités du quotidien.

Gamine, je me rendais tous les jeudis après-midi à la bibliothèque qui se trouvait au dernier étage de la mairie. Je gravissais les marches de l'escalier de pierre, et ensuite celles d'un petit escalier tout raide en bois et j'accédais à une grande salle silencieuse où je passais des heures à feuilleter des livres. Je repartais avec ceux qui avaient retenu mon attention. J'ai, depuis ce temps là toujours aimé les bibliothèques, leur silence, leur livres alignés sur les rayons. Le parquet sombre et craquant de la bibliothèque de mon enfance avait un côté rassurant et noble qui convenait à l'idée que je me faisais du savoir que contenait les livres.

Durant cette période où j'étais anesthésiée de la vie et anéantie par la douleur, je n'ai pas songé à me rendre à la bibliothèque. Je n'y ai pas songé parce que mon père, déjà du temps de ma mère, ne connaissait aucun prix dans la boutique. Alors dans cette situation d'après, je ne me voyais pas le laisser seul à la boutique, même s'il n'y avait quasiment pas de clients. C'est Brigitte, la copine à qui j'avais prêté des livres, qui, m'en a alors prêté pour tromper l'attente. Un seul livre m'est resté en mémoire : *La mémoire du fleuve* de Christian Dedet. Cette lecture a été comme une espèce de piqûre de vie. Quelque chose du genre « Si ce type a pu traverser tout ça et en sortir, je peux moi aussi sortir vivante de cette épreuve aussi douloureuse soit-elle ». J'ai plus tard acheté ce livre. Pour l'avoir comme un talisman. Je n'ai pourtant pas pu le relire, comme si j'avais peur de ne pas retrouver ce qu'il m'a donné au moment où je l'ai lu. Peut être aussi par peur de renouer avec les moments difficiles.

Des connaissances wen passaient nous voir. Une sorte de téléphone chinois s'était mis en place, comme dans toute communauté, je suppose. Entre rumeurs, ragots, colportages, le vrai et le faux s'entremêlaient.

Jusqu'au jour où l'un d'eux apporta un journal français. Celui qu'on appelait le journal des concierges. Un article parlait du drame. Les gros titres disaient en substance : « Règlement de comptes parmi les triades ». Mes parents, bien que non nommés, étaient qualifiés de trafiquants de drogue, au vu de la somme saisie dans le coffre à leur domicile. Quand je disais que cela aurait des conséquences médiatiques ! Je me suis jetée sur le téléphone. Une fois orientée au service dont émanait cet article, j'ai hurlé, j'ai dit que c'était dégueulasse de dire des trucs pareils, bref, j'ai dit ce que je pensais, que j'étais la fille de la victime, que dans l'histoire, il y avait mon père, moi, que nous étions en deuil. On m'a répondu que ces informations avaient été données par la police. Parce qu'il y a au sein de la police des gens qui informent les journalistes, malgré le secret qui doit soi-disant entourer une enquête. Les journalistes sont informés mais pas les victimes survivantes.

Eh oui, les flics font leur boulot de flics, ils cherchent, ils fouinent. Les journalistes font leur métier, ils écrivent et d'un rien, ils font un article pour vendre leur journal. Et toi, t'es chinoise, ta mère est morte assassinée, la scène de crime est noyée de sang, donc c'est un règlement de comptes. Y'a beaucoup de fric, donc c'est des trafiquants de drogue. Règlement de comptes plus trafiquants de drogue, donc c'est les triades.

Un peu du style : A est plus grand que B, et B est plus petit que C, donc A est plus grand que C !

Il ne manque plus qu'un fond sonore à la Chinatown, des lampions rouges, des femmes habillées de robes fendues avec des fume cigarettes en corne, des fumées qui s'échappent des arrière cuisine dans des ruelles sales, des canards qui pendent aux vitrines, et on y est. Un vrai polar !

Les représentations ont bon dos.

„Réfléchir c'est difficile, c'est pourquoi la plupart des gens jugent. "

Carl G. Jung

Depuis ce jour, je suis vigilante sur les jugements hâtifs, les équations simplifiantes, et les représentations dont notre cerveau est farci.

Notre attente ne se résumait pas à attendre que les flics arrêtent les malfrats. Les informations qui nous parvenaient par les journaux et/ou le téléphone chinois n'étaient ni confirmées, ni infirmées par la police. En gros, on ne savait rien.

Notre attente était aussi logistique, si je puis dire. En effet, nous n'avions pas encore pu procéder à l'enterrement. Nous avions pris toutes les dispositions auprès des pompes funèbres. Mais... il y avait grève à l'Institut médico-légal...

Les morts sont, de toute façon, morts. Alors quelques jours de plus ou de moins...

L'enterrement

Finalement, la grève à l'Institut médico-légal a prit fin. L'autopsie a put être réalisée. Nous fûmes autorisés à procéder à l'enterrement. Choisir les vêtements donna lieu à un échange lunaire entre nous. Papa disait :

- Il faut lui mettre ce manteau, elle l'aimait beaucoup. Et ces bottes-là parce qu'elles sont fourrées, elle avait toujours froid aux pieds.

Je pliais et mettais les vêtements dans le sac que nous allions déposer à l'IML. Je compris ce jour-là que le bâtiment en briques rouges le long de la Seine, devant lequel nous passions depuis des années, tous les soirs et tous les matins, pour nous rendre de Paris vers la banlieue et vice-versa, ce bâtiment de briques rouges qui avait toujours suscité ma curiosité abritait les corps en instance d'autopsie et d'enterrement.

Le jour de l'enterrement, à l'Institut médico-légal, nous sommes allés voir le corps avant la fermeture du cercueil. Malgré les conseils de certaines personnes qui m'avaient mise en garde sur le souvenir visuel qui reste après avoir vu un corps privé de vie, j'ai tenu à voir le corps de ma mère.

Ce dont je me souviens, c'est qu'elle n'avait pas les yeux fermés. Elle avait les yeux entrouverts. La rigidité cadavérique s'était installée et les tissus n'étaient plus assez souples pour permettre aux paupières de rester vers le bas. Je compris que c'était la raison pour laquelle on mettait des pièces sur les paupières des cadavres. Mais les grèves ... Sa peau était toute blanche, certainement froide. Je n'ai pas pu la toucher, encore moins l'embrasser.

Pour moi ce n'était pas elle, c'était son enveloppe terrestre. Ce n'était pas ma maman. Celle qui m'aimait, qui me gâtait, qui me prenait dans ses bras, qui riait de mes blagues, qui me trouvait belle, qui m'encensait quoi que je fasse, qui me pardonnait tout, qui était douce, qui m'embrassait à m'étouffer avec des bises si sonores qu'elles me claquaient dans l'oreille. L'employé qui nous accompagnait a dit :

- On a mis les bottes à côté. On n'a pas pu les lui mettre aux pieds.

J'ai failli railler :

- De toutes les façons elle est morte, et puis y'avait grève, non ?

Mais je n'ai rien dit. A quoi bon ?

Nous avions demandé aux pompes funèbres de prévoir un car pour pouvoir emmener tous les Wen de Paris non véhiculés vers la banlieue. A l'église d'abord, puis au cimetière.

Il y avait beaucoup de monde. Beaucoup de Chinois ; des Wen. Beaucoup de fleurs.

Quand nous sommes arrivés à l'église, j'ai vu des couronnes, des bouquets, des gens. J'étais dans un état second, anesthésiée par la souffrance, et en même temps je captais certains détails.

Une fois arrivée devant le banc où j'allais prendre place, j'ai vu une couronne de fleurs qui portait la banderole : « A ma mère ».

Lors de la préparation des funérailles, j'avais choisi un coussin de fleurs qui serait posé sur le cercueil. Je n'avais pas du tout choisi une couronne, parce que je trouve ça moche et trop représentatif d'un décès avec ce trou au milieu, comme le vide béant que laisse une mort. Donc cette couronne ne venait pas de moi. Toute ma souffrance, toute ma peine s'est alors transformée en colère, en rage. J'ai attrapé la couronne comme j'ai pu. Elle était énorme, elle était lourde. Je l'ai trainée pour la sortir, je trébuchais. Elle n'avait pas sa place à cet endroit. Une fois que je l'ai sortie, je suis allée me planter devant mon cousin-frère et je lui ai hurlé

- Toi, tu as de la chance, ta mère est vivante !

Aujourd'hui, je ne suis pas fière de ce que j'ai fait. Qu'est ce que ça changeait de toute façon qu'il y ait cette couronne avec cette banderole et cette inscription ?

Mais sur le coup, cela faisait complètement sens. Il avait de la chance, lui, sa mère était toujours vivante. Alors que la mienne était morte.

Je crois que je voulais avoir le monopole de la souffrance. Ce jour là je ne voulais pas de mensonges, pas de faux certificats, pas de faux sentiments, pas de qu'en dira-t-on, pas de « faut sauver la face ».

Ce jour là on enterrait MA mère. Et ma mère n'avait eu qu'un enfant : MOI !

*

Nous avons sacrifié au rituel de l'Eglise catholique. Le prêtre avait du mal à prononcer le prénom chinois de ma mère. Je ne me rappelle pas du reste de la cérémonie.

Cette partie du cimetière avait été nouvellement intégrée pour recevoir des sépultures. Il y avait tellement de fleurs qu'elles recouvraient toute la terre autour de l'emplacement que ma mère avait choisi quelques mois auparavant.

En effet, quelques mois auparavant, mon grand père paternel malade était décédé aux Pays Bas. Mon père, qui devait se rendre à la cérémonie, avait été refoulé à la frontière dans le train, n'ayant pas encore obtenu la nationalité française. Le douanier, lors du contrôle avait, même pris les quelques billets que contenait le portefeuille de mon père.

Je me souviens que, mon fiancé et moi étions alors en voyage aux USA. Lors de notre retour, mes parents, qui avaient repoussé la date de la cérémonie funéraire, nous attendaient à l'aéroport. Ils nous avaient préparé quelques vêtements et nous avaient pris des billets d'avion pour Amsterdam. Nous avons changé d'avion et sommes allés à la crémation de mon grand-père. L'urne contenant ses cendres a été déposée plus tard dans le caveau choisi par ma mère, dans le cimetière de la banlieue où nous habitions.

Ce fut l'objet d'une autre discussion lunaire entre mon père et les fossoyeurs. Il disait que l'entente n'était pas bonne entre ma mère et son père. Donc l'urne contenant les cendres de son père serait remontée d'un étage, puisqu'elle avait été déposée au fond. Ainsi, le dernier niveau, celui du fond pourrait accueillir le cercueil de ma mère. Ensuite, il y a une séparation genre plaque de béton, et l'urne contenant les cendres de mon grand père serait déposée au niveau au dessus. Tout cela pour respecter ou prolonger leur non-entente, comme s'ils allaient se parler, et pour optimiser l'espace dans le caveau...

Tous ces rites me paraissent aujourd'hui un peu désuets, voire clownesques.

Mais quand quelqu'un meurt, on fait ce qu'on peut avec ce qu'on a et ce qu'on est.

Les tatas avaient ramassé toutes les banderoles des couronnes et autres fleurs, et les avaient brûlées non loin de la sépulture, comme le veut la tradition chinoise.

Lorsque j'ai raconté cela à une de mes amies, j'ai vu une déception-tristesse dans son regard. En effet, si les banderoles avaient été arrachées et brûlées par les tatas, je n'avais pas pu voir les fleurs qu'elle avait fait porter ce jour là, signe de son attachement et de son amitié.

Chine vs France. Tradition vs sentiment.

Au moment de quitter le cimetière, la descente du cercueil par des cordes le long des parois bétonnées, au fond du trou, le nombre de personnes, la quantité de fleurs, la tension de la journée déclenchèrent chez moi, une sorte de soubresaut. Je n'allais plus la voir. Son corps était là dans une boite en bois, au fond d'un trou. Il allait faire noir, il allait faire froid, elle serait seule. Je me suis jetée devant le trou et j'ai dit en wen, en pleurant :

- Maman je t'apporterai leurs têtes.

Promesse que je n'ai pas tenue.

Reconstitution

Ils ont été arrêtés. Ils sont trois. Ce sont des Chinois, des Wen. Celui qui les a amenés est le fils d'amis de mes parents (j'ai vraiment du mal à écrire ce mot pour les qualifier : des amis ? des amis qui viennent pour vous tuer ?, pour vous voler ?). Il était venu déjeuner avec ses parents dans notre maison. Les deux autres sont tout frais arrivés de Chine. L'un d'eux devait s'engager dans la légion étrangère. Il devait faire une démonstration au festival d'arts martiaux qui devait avoir lieu dans le bois de Vincennes. C'est lui qui a planté son couteau par deux fois dans le foie et le pancréas de ma mère. L'autre, je ne sais pas, je ne sais plus. C'est celui qui tenait le pistolet ou le revolver. Comme mon père, quand il a répondu aux flics qui l'ont interrogé à l'époque, je ne sais pas la différence entre un pistolet et un revolver. Et je crois que je ne veux pas/plus le savoir.

Nous avons appris plus tard, que les flics avaient des indicateurs dans le milieu wen qui les avaient renseignés.

*

C'était comme dans les films. Des cars de flics les avaient amenés, menottés. La rue avait été bloquée. Il y avait plein de monde, des inspecteurs en civil, la juge d'instruction en manteau de fourrure, des flics en tenue. Et nous dans nos petits souliers. Un peu genre : t'as pas envie d'être là. Genre t'as pas envie d'avoir ce rôle dans cette série télé de second ordre, et même si elle avait été de premier ordre, t'as pas envie d'être là.

Je me souviens de ma peur. Ma peur de me retrouver face à eux. Les types, les trois types qui ont fait basculer ma vie. Je vais me retrouver devant celui qui a tiré sur mon père, devant celui que je connais, celui qui a amené les deux autres, et surtout devant celui qui a tué ma mère.

Où est la sortie ? Où est le bouton sur lequel appuyer pour sortir de ce cauchemar ? Je veux sortir de ce film ! Je ne veux pas de ce programme glauque. Je ne veux pas y être, je ne veux pas y participer, je ne veux pas en entendre parler, je ne veux pas être là.

Et puis chacun se met à jouer son rôle.

- Vous étiez à quel endroit ? Où étiez-vous cachés ? Dans la haie de thuyas ? Et ensuite qu'avez-vous fait ?

Papa ne dit rien.

Quand il est arrivé, il s'est approché de celui que nous connaissions – désolée, je n'arriverai décidément pas à dire le fils de leurs amis. Il a levé l'index, et l'a agité devant lui, comme un maitre d'école qui aurait repris un mauvais élève.

Moi je frissonne malgré mon manteau. J'ai envie de vomir, de vomir cette reconstitution, cette mascarade, de vomir ma haine, ma colère, ma peine. Je ne sais pas comment je tiens debout. J'ai envie de hurler sur tout le monde, de leur dire :

- Mais on s'en fiche ! Ca change quoi tout ce que vous faites ? Qu'il soit là ou deux pas plus à gauche ? Ca change quoi ? Elle est MORTE ! Je suis SEULE, je n'ai plus de MAMAN !

Et j'ai vomi. Non je n'ai pas vomi en vrai. J'ai craché, j'ai craché à la gueule de celui qui a tué ma mère, je lui ai craché au visage ! C'était plus fort que moi.

Aujourd'hui, je ne suis pas fière de ce crachat. J'avais sans doute des représentations (encore) de ce que quelqu'un fait dans ce type de situation. Je suppose qu'il fallait un acte qui me semblait fort pour dire que j'étais là, que j'étais vivante, pour lui signifier ma haine, pour ne pas le frapper. Du reste, je pense que je n'aurais pas pu le toucher. Il me dégoutait. Je le détestais. Je voulais crier, je voulais qu'il n'existe pas, qu'il disparaisse. Je n'ai fait que cracher.

Aujourd'hui j'ai un peu honte parce que je trouve que ce crachat est bien … chinois…

Sans doute encore une représentation ?

La juge d'instruction qui instruisait notre dossier s'appelait Janine D. Je me souviens m'être fait la réflexion que ce prénom porté par une jeune femme sonnait un peu ancien. J'ai moi aussi des équations limitantes dans la tête.

Lors d'un des rendez vous, nous nous sommes retrouvés tous les quatre, les deux malfrats (celui au pistolet-revolver et celui au couteau), papa et moi dans le bureau de la juge. Il y avait aussi une secrétaire, peut être dit-on greffière, et aussi un traducteur, me semble-t-il. La juge s'apprêtait à clore l'entretien, après avoir posé ses questions, quand l'un des individus a levé la main et a demandé comment il devait s'y prendre pour prendre des cours de …je ne sais plus quoi.

Elle lui a répondu, par l'intermédiaire du traducteur, qu'il fallait demander à la prison, à l'assistante sociale.

J'ai alors moi aussi levé la main. Elle m'a regardée et d'un mouvement de tête m'a indiqué que je pouvais parler.

- Et moi, je voudrais savoir où je dois m'adresser pour avoir ma maman.

Elle m'a regardée et a dit :

- Je vous en prie.

J'ai répondu avec des larmes dans les yeux et des sanglots dans la gorge :

- Non, c'est moi qui vous en prie.

Putain de langue française !

Politesse vs supplique, les mêmes mots pour ne pas dire la même chose. Zéro zéro, balle au centre.

En écrivant ces lignes, je me dis que le système administratif judicaire fait bien peu de cas des émotions des victimes. Les faire participer à ce type d'interrogatoire en présence des malfaiteurs ferait certainement écrire quelques articles à Sigmund et ses collègues, et donnerait du travail à leurs confrères.

Tribunal ou jugement

Des années plus tard, la Cour d'assises.

Je n'ai pas pu m'y rendre, le gynécologue obstétricien ne l'a pas souhaité. J'étais enceinte. C'est mon fiancé qui y est allé. Je me souviens qu'il m'a dit un soir, de retour du tribunal :

- L'avocat, Jacques E, m'a fait pleurer. Il a dit que l'enfant qui allait naitre n'aurait jamais de grand-mère... et que les grands-mères chinoises sont les meilleures.

Encore une représentation ?

Les malfrats ont été jugés coupables. Sans blague ! Un truc de fous. Ben oui ils sont coupables, pourquoi avoir perdu tout ce temps, tout cet argent, toute cette énergie ! Ils sont coupables évidemment qu'ils sont coupables !

Ils ont été condamnés à diverses peines allant de 8 à 20 ans, selon mon souvenir. Et pour les deux qui étaient armés, du pistolet-revolver et du couteau, les peines étaient assorties d'extradition.

Consulat

Retour en arrière. Après l'enterrement, le téléphone chinois nous apprit que l'épisode de la couronne de fleurs n'avait pas été apprécié et que mon cousin-frère exigeait réparation ! Car je lui avais fait perdre la face.

Je suis aujourd'hui encore abasourdie par cette exigence.

Un homme, providentiel selon mon père, est arrivé quelques temps plus tard, sans doute envoyé par la communauté. C'était un lettré, il me semble qu'il avait été avocat quand il était en Chine. Il nous a aidés. Il écrivait bien. Il a, je crois, écrit au consulat de Chine, pour le dossier assassinat. Et en même temps, il nous a briefés sur ce qu'il fallait dire lors du rendez-vous de réparation. En fait, il m'a briefée. Car j'étais coupable, encore !

Eh oui, il avait été convenu qu'une rencontre aurait lieu au consulat de Chine. Rien que ça. Et que je devrais présenter des excuses à mon cousin-frère pour lui avoir jeté sa couronne de fleurs à la gueule. La couronne de fleurs qui portait la mention « À ma mère ».

J'ai dû répéter des phrases que je ne comprenais pas forcément. Le dialecte que je parlais avec mes parents était un langage usuel, qui me permettait d'échanger au quotidien. J'étais loin de pouvoir tenir une discussion philosophique et je ne connaissais pas les mots nécessaires pour présenter des excuses avec des termes appropriés. Sans parler de la situation ubuesque dans laquelle j'allais prononcer ces phrases apprises par cœur.

Nous nous sommes rendus au consulat de Chine. Une salle nous avait été réservée. Mon cousin-frère arriva. Je ne me rappelle plus s'il était accompagné. Après que nous ayons pris place dans les canapés autour de la table basse, je pris la parole, voulant en terminer au plus vite et m'extirper de cet endroit.

Je fus interrompue. La main de l'homme providentiel et le regard de mon père m'enjoignirent au silence. C'est l'homme providentiel qui prit la parole. Il fit une description de ce qui s'était passé. L'église, la mort tragique de ma mère, la couronne de fleurs, la banderole, ma souffrance, ma spontanéité, le tout avec des mots dont je comprenais la signification globalement mais que je n'utilisais jamais quand moi, je parlais wen.

Ils hochaient la tête en signe d'approbation. Approbation de quoi ? Fallait-il confirmer tout ce qui s'était passé ? La mort de ma mère, l'église, la couronne de fleurs, la banderole qui disait « À ma mère » ? Ou bien ils hochaient la tête parce qu'il parlait bien, qu'il utilisait des mots entendables ?

Enfin, mon tour arriva. J'ânonnai les quelques phrases que l'homme providentiel m'avait enseignées. Comme je ne comprenais pas forcément tous les mots, puisque ce n'étaient pas mes mots, je récitais comme si je récitais une récitation. Pour moi c'était comme une formalité. Il fallait que je m'en débarrasse rapidement. Une fois ma récitation terminée, nous sommes repartis. Sur le trottoir, mon père et l'homme providentiel se serraient la main en se congratulant du déroulement sans heurts de cette rencontre.

Quant à moi, je n'avais qu'une envie, sortir de là, sortir de tout ça, alors que je m'étais pliée, encore une fois, aux traditions chinoises. Rentrer chez moi, rentrer en moi.

J'étais triste d'avoir dû m'excuser de dire la vérité. J'ai compris un peu plus ce jour-là, que les traditions avaient un poids. Alors, que pour moi le poids de la souffrance liée à la mort de ma mère était déjà suffisamment lourd.

C'était encore un sacrifice à mes origines chinoises.

Enfance, adolescence

A la naissance, les organes génitaux sont légèrement plus grands en proportion du reste du corps. Chez les petites filles, les grandes lèvres sont assez volumineuses et chez les petits garçons, les testicules sont particulièrement proéminents ; parfois, les seins sont également gonflés, chez les deux sexes. Cela est dû aux hormones que la maman a transmises au bébé pendant la grossesse.

Quand je suis née, mon père s'est écrié :

- C'est un garçon !

Son désir d'avoir un enfant était grand. Son désir d'avoir un enfant mâle sans doute encore plus.

Pour ma mère, que je sois un garçon ou une fille importait peu. J'étais son enfant, inespéré, arrivé après plusieurs fausses couches, attendu après de longs mois allongée. La pomme rouge, celle qui avait tenu, celle qui s'était accrochée jusqu'au bout. Un cadeau, une merveille. La plus belle.

Mes parents ont écrit au médecin à Hong Kong, celui qui avait opéré ma mère et qui avait été très peu encourageant. Celui qui craignait que de futures grossesses soient risquées autant pour la vie de la future maman que pour celle du bébé. Ils ont ajouté dans l'enveloppe une photo de ma mère tenant le bébé dans ses bras. Des amis ont rapporté qu'il était resté sans voix. Il n'en croyait pas ses yeux.

J'ai été très gâtée. Trop ? Non seulement j'étais cet enfant tant espéré, mais très vite, je devins unique. Ma mère fit de nouveau des fausses couches, dont une lors de vacances à Deauville. Je me souviens de ma peur à l'écoute de ses cris, alors que j'étais perchée sur un tabouret devant l'évier, en train de me brosser les dents. Les énormes corbeaux qui passaient en coassant devant la fenêtre de toit m'ont faite lâcher la brosse à dents, renverser le verre, et tomber du tabouret.

La présence de ces oiseaux au noir plumage semblait être un présage de mauvais augure. Ma mère fut hospitalisée dans une clinique, tenue par une congrégation de religieuses. Ces religieuses me donnaient des madeleines lorsque je venais voir sa mère. Elle en ressortit la deuxième et dernière trompe utérine enlevée.

*

Il n'y avait pas beaucoup d'enfants asiatiques à Paris, à l'époque. Ma mère me préparait comme une poupée pour aller nous promener au square. Coiffée, habillée, j'attirais les regards. Parfois les gens me prenaient en photo sans demander l'autorisation de mes parents. Mon père n'aimait pas cela, ma mère était ravie et fière.

Certains matins, il m'arrivait de faire des caprices, Je hurlais pour ne pas aller à l'école. Ma mère avait trouvé le moyen imparable pour faire cesser mes larmes et mes hurlements. Elle me prenait dans ses bras et sortait de l'appartement sans prendre la peine de me prévenir. Mes hurlements s'arrêtaient net. Je hoquetais tout en m'essuyant le visage. Cette pratique rendait mon père fou. Il s'inquiétait de cet arrêt brutal de mes cris et larmes, sans me laisser le temps de reprendre ma respiration.

Un jour, à l'école maternelle, un enfant m'a vomi dessus. Durant l'heure du déjeuner, ma mère m'a lavée, changée et aspergée d'eau de Cologne. Puis, elle m'a ramenée à l'école. Toutes les maitresses m'ont accueillie et embrassée en me disant que je sentais bon l'eau de Cologne.

Dans cette école maternelle, un jour, dans la cour, tous les enfants jouaient et chahutaient. Ma blouse en nylon, empoignée et prise dans le jeu, perdit quelques boutons et fut déchirée. Lorsque ma mère me demanda pourquoi je m'étais laissée faire, je répondis :

- Parce qu'ils étaient plus petits que moi.

Ma réponse remplit ma mère de joie et de fierté. Sa fille unique ne pouvait être que généreuse, loyale et au grand cœur.

J'étais une bonne élève. Avais-je des facilités, ou était-ce la peur d'aller contre les injonctions parentales qui me faisait travailler ?

Des années plus tard, je rencontrai par hasard ma maitresse de cours élémentaire deuxième année, à laquelle j'énumérai les études que j'avais suivies, en ne les jugeant pas assez prestigieuses, ni assez élevées. Cette maitresse, dans un sourire, me dit :

- C'est quand même pas mal.

Je ressentis une forme de compliment, de satisfaction teintée de félicitations, tout en n'ayant pas conscience que j'avais du chemin à faire en matière d'estime de soi.

Selon mon père, dans son village natal, il y avait un registre des naissances. Il racontait que dans ce livre étaient inscrits tous les enfants avec leur filiation. J'étais si fière de pouvoir prétendre appartenir à une civilisation lointaine et ancienne, que je m'écriais :

- Alors je vais être inscrite dans ce livre ?

La réponse tomba comme un couperet.

- Non, on n'y inscrit que les garçons.

Tous les matins, mes parents me déposaient sur leur trajet de la banlieue à leur boutique, à l'établissement où j'ai effectué toute ma scolarité, qui regroupait dans les mêmes locaux le lycée et le collège Pour descendre de l'automobile, tout en mangeant mon pain au chocolat, que mon père était allé acheter à la boulangerie du coin, j'attendais l'arrivée de mon amie Janny, qui, elle, arrivait en bus. Et tous les matins, mes parents ne manquaient pas de dire :

- Elle est vraiment jolie, sa peau est tellement blanche.

Le « beau » de certains pays n'est pas le même « beau » que d'autres. Dans certains pays, la peau blanche indique que vous ne travaillez pas dans les champs sous le soleil. Dans d'autres pays, la peau brunie par le soleil indique vous avez eu les moyens de partir en vacances.

Lorsqu'un des enseignants était absent et les collégiens avaient du temps libre, je ne manquais jamais de téléphoner pour prévenir mes parents. Je m'engouffrais avec mes deux copines Liliane et Patricia dans la cabine téléphonique. Ces dernières ne voulaient pas manquer le baragouinage que je servais à ses parents, un mélange de wen et de français, qui les faisaient beaucoup rire.

La prof de français, Mme Arrous, rendait les copies et choisissait de féliciter les élèves qui avaient recueilli des bonnes notes. Celles-ci, valorisées, remerciaient d'un sourire, en baissant la tête et prenaient leur copie comme on prend une hostie. Madame Arrous gardait pour la fin les copies aux mauvaises notes. Elle les distribuait en les doublant de remarques qu'elle assénait aux élèves sans toutefois les nommer. Ce jour là, elle dit :

- J'ai une copie avec une phrase qui dit... je vais vous la lire : « Ce paysage était si pittoresque qu'on ne pouvait le peindre. » Pfff, comment peut on écrire quelque chose d'aussi bête, puisque pittoresque veut justement dire qu'on peut le peindre !

Les bonnes élèves acquiescèrent d'un hochement de tête et d'un sourire entendu.

Je levai la main :

- Madame, c'est moi qui ai écrit cela. J'aimerais comprendre pourquoi je ne peux pas l'écrire.

Madame Arrous, un peu décontenancée, ne s'attendait pas à ce que l'élève ridiculisée se manifeste. Elle prit le parti de rester collée à la définition du mot pittoresque. Une autre main se leva, c'était la main de Anne. Une grande fille blonde athlétique, bonne élève dans toutes les matières, mais surtout en éducation physique, où elle excellait. Elle prit la parole :

- Madame, moi, je comprends ce qu'elle a voulu écrire. Je pense qu'elle a voulu dire...

Elle ne put terminer sa phrase. Madame Arrous estima que trop de temps était déjà passé sur ces inepties et que le programme n'attendait pas.

Longtemps plus tard, Anne apparut sur les réseaux sociaux. Elle avait fait un long parcours pour devenir Paul. Est-ce ce courage, cette persévérance, ce quelque chose qui vous dépasse pour entreprendre un tel parcours ? Est-ce une mini-dose de ce quelque chose-là, qui lui avait fait tenter de contredire la prof de français ce jour-là ?

Alors que j'étais en classe de seconde, insouciante et occupée à découvrir les nouvelles matières et activités liées à cette section, que ce soit la physique, la chimie, ou les cafés, le flipper, les copains du lycée d'à côté, je sentis, lors des repas du soir et du week-end, un changement dans l'atmosphère familiale. Au début, je ne compris pas ce qui se passait et n'y prêtai pas plus d'attention. Toutefois, le malaise grandit et l'atmosphère, au lieu de s'améliorer, se dégrada. Je réalisais que mon père ne parlait plus. Ou plutôt, il ne me parlait plus. Je laissais passer encore quelques jours, mais dus me rendre à l'évidence, il faisait la tête. Mais il ne faisait pas la tête pour faire la tête, il me faisait la tête à moi. Dès que je parlais, il détournait le regard, montrait qu'il n'était pas intéressé, n'écoutait pas. Il ne me regardait plus, plus du tout. Dès le repas terminé, il quittait la table et emportait son bol vers l'évier. L'atmosphère était lourde. Cela dura des jours, des semaines. Jusqu'à ce que je questionne ma mère. Ma mère avait le rôle du messager entre mon père et moi.

- Y'a un problème ? Papa ne me parle plus. Il ne me regarde plus. Il ne rit plus à ce que je raconte. Il me fuit. Il m'ignore. Y'a un problème ?

- Non, il n'y a pas de problème.

- Alors pourquoi il ne parle plus, il ne rit plus, il ne sourit plus, il fait la tête ?

- Ton père est inquiet...

- Inquiet, mais de quoi ?

- Inquiet pour toi. Tu grandis.

- Et ?

- Eh bien, il voit bien que tu es dans un lycée, que tu as des amies. Il est inquiet....

- Je ne comprends rien à ce que tu dis. Inquiet de quoi, pourquoi, à quel sujet ?

- Eh bien, il est inquiet, car tu sais, tu es notre fille unique. Nous t'aimons. Il ne veut que le meilleur pour toi.

- ...?

Maman, je travaille bien à l'école, je ne comprends pas. C'est quoi le problème ?

- Eh bien, il est inquiet, il te voit grandir, tu as des copines. Il est préoccupé par ton avenir.

- Maman, je suis en seconde scientifique, c'est la meilleure.

- Il s'inquiète et cela l'empêche de dormir. Il voit bien que tu as des copains, même si ton lycée est un lycée de filles. Il voudrait...

- ...?

- Il voudrait... ?

- Il voudrait que tu te maries plus tard avec un Chinois.

- QUOI ???

- Maman, je suis en seconde ! J'ai 15 ans ! J'ai beaucoup de devoirs. Tu crois que je pense au mariage ?

- Ça va pas bien ! Je ne pense pas au mariage, c'est trop loin.

- Ton père voudrait que tu jures de te marier avec un Chinois.

- Ça va pas bien ?! C'est trop loin, je ne peux pas jurer ça !

Je tournai les talons, pensant clore le sujet, sujet qui pour moi n'en était pas un

Il n'en fut rien. Les jours passèrent, les jours devinrent des semaines. Et toujours le silence.

Atmosphère de guerre froide, de non-dits. Stratégie de l'usure.

La vie devenait intenable. Alors que je devais intégrer les nouvelles matières et réussir cette classe de seconde.

Je jurais.

*

Deux ans plus tard, j'obtins mon baccalauréat, entrepris des études de médecine pour faire plaisir à ses parents, ne réussis pas, puis je m'inscrivis dans un cycle court pour contrebalancer le cycle précédent qui aurait dû être long. A la fin de la première année, je partis en vacances, d'où je revins avec un petit ami. Toute contente de rentrer, je l'amenai pour le présenter à mes parents.

Ce n'est qu'une fois qu'il fut parti que les choses se gâtèrent.

- Tu ne peux pas être avec un garçon comme ça.

- Et pourquoi ?

- Parce qu'il n'est pas assez bien pour toi.

- Ça veut dire quoi pas assez bien pour moi ? Vous ne le connaissez même pas.

- Ok, il n'est pas chinois, mais c'est un type gentil, il est gentil avec moi. »

Je ne savais pas trop d'ailleurs si j'étais amoureuse. Je ne m'étais pas encore interrogée profondément sur ce sujet. J'avais été impressionnée par sa prévenance et par les cadeaux qu'il m'avait offerts.

- Non, c'est pas ça. Tu n'as pas remarqué ?

- Remarqué quoi ? Je ne comprends pas.

J'étais à 100 lieues de penser à ce qui allait suivre.

- Il boite.

- Oh non, vous n'êtes pas en train de me dire ça !

Je suffoquai. Mes propres parents, qui m'avaient élevée dans le respect, dans la générosité, dans l'amour, me disaient que je ne pouvais pas fréquenter quelqu'un à cause de sa boiterie...

Je claquai la porte de ma chambre. Je ne pouvais pas en entendre plus.

Le jour suivant, une amie de mes parents, que j'aimais beaucoup, avait été invitée. Cette amie avait été chargée par mes parents de me raisonner. Elle me servit un discours sur l'amour que me portait mes parents, sur ce que la vie pouvait être avec un homme boiteux. Elle m'expliqua qu'en Chine, on dit que si un défaut est visible à l'œil nu, les autres défauts suivront et sortiront tôt ou tard. En conclusion, vraiment, ce n'était pas quelqu'un pour moi.

Je répondis du tac au tac :

- Mais dis moi, Tata, ton frère, il boite, il est marié, il a une femme et des enfants, non ?

- Ce n'est pas pareil

- Ah oui ? En quoi ce n'est pas pareil ?

- Tu comprendras plus tard, ma chérie, cet homme n'est vraiment pas pour toi.

Les deux parties restant sur leurs positions, la conversation prit fin.

Le week-end suivant, la situation n'avait pas évolué. Comment aurait elle pu ? Chacun croyait détenir sa vérité et n'en démordait pas.

Alors je pris la décision de partir avec mon petit ami boiteux, de quitter mes parents, que je trouvais obtus, ridicules, bornés. Peut-être avais-je honte, quelque part, de ce qu'ils m'avaient demandé. Peut-être ai-je voulu montrer au monde et à moi-même que ça ne se fait pas, et que la seule réaction possible est de partir ?

Je fis mes valises et me préparai à quitter la maison familiale. L'ambiance était lourde et dramatique.

Je crois que je revois la scène. Parce que, pendant des années, cet événement n'était plus présent à ma mémoire. C'est mon amie Suzanne qui me l'a rappelé des années après. C'est ce qu'on appelle une amnésie traumatique. Quelque chose dont on ne se rappelle plus parce que sinon ça empêcherait de vivre, de vivre et d'aimer.

Je descends l'escalier avec mes valises et mes sacs. Mon père m'attend. Il a un fusil. Il est fou de douleur. Il pointe le fusil sous mon menton. Je ne dis rien. Je le regarde droit dans les yeux. Les secondes passent. Entre amour et haine, le temps se suspend. Mon oncle intervient. Il tente de calmer mon père. Je me dégage et pars. Je crois faire ce qui est juste. Mon père s'effondre.

Je monte dans la voiture de mon petit ami venu me chercher. Nous roulons vers le Nord de la France.

Je ne réalisai pas ce jour-là que je quittai un foyer familial. Je savais seulement que je quittais des gens qui disaient des choses que je ne pouvais pas entendre. Des choses injustes. Je ne savais pas si j'aimais ce petit ami qui me gâtait, je savais seulement que je devais partir pour montrer à mes parents qu'ils n'avaient pas le droit de juger quelqu'un sur son apparence et de m'interdire de le fréquenter.

L'idylle avec ce petit ami n'a duré que quelques mois. Ces quelques mois m'ont permis de suivre quelques cours d'histoire de l'art. Le jour où je quittai l'appartement que je partageais avec ce petit ami pour rejoindre mes parents, il me dit, en colère :

- C'est ça, vas rejoindre tes handicapés sociaux !

Longtemps je le regardais dans les yeux, accroupie près de mes sacs. Les mots arrivaient et commençaient à s'organiser dans ma tête, des mots comme : « Quoi ? Toi, oser, handicapé social vs physique...», et d'autres comme « facile, honte, déplacé, malvenu, dégueulasse ». Tout se bousculait dans ma tête alors que je jetais mes vêtements dans les sacs. Une phrase commençait à se former dans sa bouche, je choisis de ne rien dire.

Ma mère et mon père furent plus qu'heureux de m'accueillir, de me retrouver. Cet épisode les avait fait beaucoup souffrir, ma mère était tombée malade durant mon absence.

C'est au téléphone que je rompis définitivement avec ce petit ami. C'était un 14 février, le jour de la Saint-Valentin.

Mon mariage

Après mon retour à la maison, j'ai souhaité reprendre des études. Mes parents acceptèrent de les financer. « Ce sont les dernières » me dirent-ils. « Si tu ne réussis pas, tu viendras travailler avec nous à la boutique. »

J'ai suivi les cours. J'ai fait la fête.

J'y ai rencontré celui qui allait devenir mon mari et le père de mes enfants, ou plutôt, dans l'ordre chronologique, celui qui allait devenir le père des mes enfants, puis mon mari.

Il était gentil, prévenant, drôle. Je le trouvais beau. Il habitait le 16ème arrondissement de Paris. Quelque part dans mon inconscient et mon imaginaire d'enfant d'immigrés, cela participait à l'attirance que j'avais pour ce jeune homme. Ou l'attrait qu'il exerçait sur moi ?

Les samedis soirs, il m'emmenait chez son meilleur ami, François. Nous nous retrouvions tous chez François : Jean-Philippe, Jean-Marc, Karin, nous deux, qui représentions le noyau permanent, et d'autres. On refaisait le monde en fumant et buvant. Une nuit d'hiver, il s'était agenouillé sur le capot de sa voiture et avait pissé sur le pare brise pour le dégivrer. J'avais trouvé ça décalé, osé, et drôle. J'étais sous le charme.

Mes parents adoraient ce jeune homme de bonne famille qui semblait stabiliser mon caractère impétueux. Ils avaient revu leurs exigences. Je n'épouserais pas un chinois, et encore moins un Wen. Ce jeune homme les avait conquis par sa gentillesse, ses bonnes manières et surtout son dévouement à mon égard.

Un dimanche, il m'a invitée pour un déjeuner dans l'appartement familial, pour faire la connaissance de ses parents. J'avais garé ma voiture dans le parking de l'immeuble, sur une place qui n'en était pas vraiment une. Une place où il fallait bien manœuvrer sa voiture afin qu'elle ne gêne ni la sortie ni l'entrée des autres véhicules. J'étais impressionnée et tendue. C'était quand même la rencontre de deux mondes très différents.

Durant le déjeuner, je fus surprise et gênée d'entendre les parents de mon amoureux s'engueuler devant moi. Moi, qui n'avais jamais entendu mes parents se quereller, ni devant moi, ni devant personne, et surtout pas devant des tierces personnes.

Je n'ai pas réussi à sortir ma voiture de la place de parking exigüe et exigeante. Les émotions et la tension du déjeuner...

Que pensaient ses parents d'une Asiatique ? A l'époque, j'avais ce job décroché grâce à un anglais un peu meilleur que la moyenne des postulants. J'avais demandé une augmentation. Ma demande avait été transmise aux services financier et ressources humaines. L'endroit où je travaillais était le siège social de l'entreprise et comprenait une vingtaine de bureaux et salle de réunions organisés le long d'un couloir. Un jour, alors que je remontais ce couloir, j'entendis des éclats de rire provenant d'un des bureaux dont la porte était entrebâillée. Sans vouloir être indiscrète, les mots me parvinrent, alors que je passais devant la porte : « Les Asiatiques, tu les nourris juste avec un bol de riz. » Cela m'avait rappelé une conversation quand j'étais gamine. Une connaissance de mes parents m'avait dit, devant ma petite taille, qu'il fallait que je mange de la soupe pour grandir. Ce à quoi j'avais rétorqué que les Chinois ne mangeaient pas de soupe mais du riz.

Dans ce couloir, je ne savais pas si cette phrase concernait ma demande d'augmentation. Ce que je savais, c'est que j'étais la seule personne de type asiatique au siège social.

Mon amoureux et moi partîmes aux USA pour nos premières vacances à l'étranger. C'était notre premier grand voyage ensemble. Il parlait bien anglais, mieux que moi. Il avait vécu dans divers pays du Moyen Orient, au gré des différents postes occupés par son père. Il se fichait de moi car je ne prononçais pas correctement « three » quand il me demandait de compter « one, two, three ». Il riait : « tu as dit « *un, deux, arbre* ». Je m'entrainais en cachette, je répétais et répétais à voix basse, le soir une fois couchée, en veillant à positionner ma langue contre les incisives supérieures, jusqu'à réussir à prononcer correctement « three » et non « tree ».

Parce qu'il parlait bien anglais, c'est lui qui partit demander notre chemin dans la grande gare centrale des bus située au milieu de New York. Restée près de nos sacs, je le regardais de loin. Je le vis se pencher vers le guichetier, je vis le guichetier répondre et indiquer une direction avec sa main. Je les vis se saluer et se remercier avec des hochements de tête. Puis, il revint vers moi. « Alors, c'est où notre bus ? ». Il répondit « « Je ne sais pas, j'ai rien compris ». Nous avons éclaté de rire ensemble.

Nous visitâmes la côte est, New York, Boston, Cleveland, Binghampton, Philadelphie, et nos amis installés de ce côté des USA.

C'est lors de ce premier voyage ensemble que j'ai fumé mon premier joint. Les amis américains qui nous recevaient nous proposèrent cela un soir où nous n'étions que tous les quatre. Une fois dans la rue et après la première bouffée, je fus prise d'un fou rire - le trottoir s'était mis à gondoler. J'avais l'impression d'être dans un de ces parcours de fête foraine où le sol se dérobe alors qu'il faut progresser. Puis j'eus l'impression d'entrer dans une maison qui n'était pas la nôtre et de suivre un chien qui ressemblait au chien de la maison. En réalité nous étions déjà revenus dans notre maison. Ce voyage artificiel a fait partie de notre premier voyage.

C'est à notre retour que nous partîmes pour Amsterdam pour assister à la crémation du grand père paternel. Lorsque le cercueil disparut de nos yeux, la compagne hollandaise de mon grand père redoubla de pleurs. Malgré les injonctions paternelles, je ne pus m'empêcher de la rejoindre et de lui caresser la joue.

Les amis qui nous véhiculaient ce jour là eurent la courtoisie, en attendant l'heure de notre avion de retour, de nous promener dans leur voiture à travers Amsterdam. Entre l'émotion des funérailles et le décalage horaire, nous ne vîmes pas grand-chose de cette ville, nos têtes dodelinant au gré des virages et nos paupières tombant alourdies de fatigue.

Quand je me suis retrouvée seule avec elle, ma mère me dit qu'à l'heure prévue de la crémation, mon père avait levé les yeux vers la pendule accrochée au mur de la boutique et avait juste dit « ça doit être maintenant ». Elle a ajouté : « Il n'a pas eu de larmes, ni aucune autre émotion ».

Quelques années plus tard, nous avons décidé de nous fiancer. J'avais très envie de porter une jolie bague que mes futurs beaux parents ne manqueraient pas de m'offrir, puisqu'ils l'avaient fait pour leur première belle fille.

Le résultat de mes recherches, le samedi précédent, dans le quartier des bijoutiers, m'avait permis d'arrêter mon choix sur une bague dont j'avais expliqué la structure et les détails au joaillier des beaux parents et qui m'avait valu, de la part de ma future belle-mère, un : « Oui elle est très précise. » Durant le déjeuner qui suivit, ma future-belle mère exprima son désir d'organiser un repas pré-soirée de fiançailles afin que mes parents puissent rencontrer le reste de la famille. Elle lança aussi : « Après les fiançailles, vous allez vous marier et puis vous arrêterez de travailler. » Ce n'était pas une question. Je répondis sans vraiment réfléchir :

- Non.

- Et pourquoi ?

– Parce qu'il ne gagne pas assez.

*

Pour le repas de pré-fiançailles, elle invita ses deux belles-sœurs, le conjoint de l'une d'elle, sa fille et son mari, mes parents, mon fiancé et moi. Une tablée de 11 personnes qu'elle présidait.

Mes parents avaient mis leurs beaux habits, pas ceux de tous les jours. Mon père avait enfilé son costume trois-pièces. Une cravate venait orner une chemise blanche. Ma mère avait sorti ses bijoux et les portait fièrement. La table était dressée avec une nappe blanche, des assiettes en porcelaine et des couverts en argent. Une rangée de verres devant chaque convive se tenait au garde à vous afin de recevoir le vin blanc, le vin rouge et l'eau. La gardienne de l'immeuble avait été embauchée pour l'occasion pour faire le service. La maitresse de maison avait élaboré un plan de table selon les traditions qu'on lui avait enseignées. Mes parents furent séparés, ma mère assise près du maître de maison et mon père près de la maitresse de maison. C'est en leur honneur qu'on donnait ce diner, ils avaient le droit aux places d'honneur.

Ce n'est qu'au moment de partir, lorsque tout le monde se retrouva dans l'entrée, pour y récupérer manteaux et sacs et se dire au revoir, que je fus interpellée par mon père. Il avait ses clés de voiture dans la main et me les tendit. Il dit d'une voix atone :

- Tu vas conduire, ma chérie, pour rentrer.

Je fus surprise, mon père n'avait jamais laissé ni ma mère ni moi prendre le volant. Il aimait conduire et se faisait un devoir de ramener sa famille. C'est alors que je remarquais qu'il se tenait à la commode et qu'il semblait différent. Il n'avait pas trop bu, car il faisait très attention. Il savait qu'il ne supportait pas l'alcool. Il faisait partie de ces Asiatiques qui n'ont pas l'enzyme qui dégrade l'alcool. Il était juste mal. Je pris les clés. Nous rentrâmes en silence dans notre banlieue. Ce n'est que beaucoup plus tard que je réalisais. Alors que j'étais tout à ma joie égoïste de préparer les fiançailles, durant tout le repas les conversations menées par la maitresse de maison avaient pour sujet, le dernier Goncourt, le dernier film à voir, la dernière pièce de théâtre. Les invités d'honneur, mes parents, n'avaient pu qu'afficher un sourire... asiatique.

*

Les fiançailles eurent lieu dans notre grande maison de banlieue, symbole de la réussite de mes parents. Tout le monde était sur son 31, comme on dit. Je ne prêtais aucune attention aux différences de ces deux mondes qui se rencontraient. J'étais insouciante, heureuse et j'exhibais fièrement ma bague.

Ma mère me rapporta quelques jours plus tard, ce que mon futur beau-père lui avait dit en s'esclaffant : « Vous savez, je ne suis pas raciste, mais je n'aime pas les Noirs et les Arabes. ». Elle l'avait accompagné dans son rire en souriant poliment.

La grande maison construite selon les plans de mon père comportait plusieurs étages. Un rez-de-chaussée qui faisait office de sous-sol et de garage pouvant accueillir quatre voitures. Il n'y avait pas de sous-sol à cause des risques de crues de la Marne toute proche. Il y avait aussi trois pièces qui donnaient sur l'arrière, l'une servait d'atelier, les deux autres faisaient office de débarras et de cuisine d'été.

Au premier étage de cette maison au toit asiatisant, on trouvait une cuisine, un salon salle à manger, un WC, trois chambres, une salle de bains et une terrasse.

Un deuxième étage comportait deux chambres, une salle de bains, un WC et un salon sous les toits.

C'est à ce dernier étage que nous nous sommes installés. Mes parents étaient heureux. La grande maison qu'ils avaient fait construire et qui leur avait demandé tant de sacrifices pouvait tous nous accueillir. Ils m'avaient enfin auprès d'eux, et casée. Deux générations sous le même toit. Ils avaient hâte d'y accueillir la troisième.

Au bout de quelques temps, pour vivre pleinement notre vie de jeunes, nous cherchâmes un appartement sur Paris. Nos recherches nous menèrent vers un deux pièces situé dans un immeuble qui faisait partie du site baptisé les Olympiades dans le 13è arrondissement. Chaque tour portait le nom d'une des villes où avait eu lieu les Jeux olympiques.

Ma mère pleura beaucoup lorsque nous avons quitté la maison. Quant à mon père, quand nous lui avons proposé de visiter notre appartement, il refusa.

Nous passions les week-end chez mes parents, rapportant notre linge sale, et nous profitions des bons plats que ma mère ne manquait pas de nous faire. Régulièrement elle me demandait quand j'allais lui faire un petit-enfant. Elle avait une adoration pour les bébés et rêvait de devenir grand-mère.

La vie s'est écoulée tranquillement, jusqu'à cette nuit de novembre 1985.

*

Lors des élections présidentielles de 1981, la chaine de télévision que nous regardions avec mes parents avait décidé d'afficher le visage du président du haut vers le bas, ligne par ligne, pixel après pixel. Au bout de quelques lignes de pixels, le front du prochain président était apparu et ma mère avait dit :

- Ah, c'est Giscard.

Quand, à la fin des lignes, elle avait réalisé que c'était Mitterrand, elle avait dit trois mots en wen, qui, en substance, voulaient dire « On est dans la merde. » Mais littéralement, ils se traduisent par : « Ca va nous faire mourir ; (on va en crever) »

Hormones

Après la mort de ma mère, la cohabitation avec mon père dans la grande maison ne dura pas longtemps. Nous vivions dans la douleur, comme dans un cauchemar qui recommençait chaque jour, ponctué des gestes et habitudes du quotidien.

Un week-end, mon père prit un sécateur et se mit à tailler frénétiquement les branches des thuyas. Il taillait, il taillait, il taillait tellement court que les thuyas étaient devenus des troncs tout nus, filiformes et unijambistes avec juste, en hauteur, quelques branches porteuses de verdure. Les branchages coupés tombaient sur le sol au rythme des coups de sécateurs ; il répétait :

- Je ne les ai pas vus, je ne savais pas qu'ils étaient là, je ne savais pas, je ne savais pas, je ne les ai pas vus.

Les branches tombaient et jonchaient le sol comme des larmes, ces larmes qu'il ne s'est jamais autorisé à verser devant nous.

Il est parti s'installer à Paris ; c'était trop dur pour lui d'être dans cette maison.

*

Et nous, nous sommes restés dans cette grande maison.

Le temps était venu pour nous de faire un enfant. Je me souviendrai toujours du moment où, tenant la feuille de résultats du laboratoire à la main, je suis revenue m'asseoir dans la voiture. Ses yeux me regardaient avec interrogation. J'ai dit :

- Tu vas être papa.

Alors j'ai vu ses yeux se remplir d'eau. Je crois que nous étions heureux.

Pendant la grossesse, j'étais prise de somnolence tous les après- midis allongée sur le canapé. Il avait l'habitude de se lever et de hurler à chaque but ou tentative de but au cours des matchs de foot qui passaient à la télévision. Durant toute la grossesse, il continua de le faire, mais il se levait, levait les bras et ouvrait la bouche, sans qu'aucun son n'en sorte, afin de préserver mes siestes de future maman.

C'était drôle et touchant à la fois.

Porter un enfant en moi a été un chemin physiquement difficile. A l'époque, je n'ai pas fait le rapprochement avec le chemin qu'avait parcouru ma mère et le risque qu'elle avait encouru, entre la vie et la mort. Je me trouvais grosse, moche, je n'aimais pas être enceinte. D'ailleurs, quel drôle de mot, enceinte. Un haut-parleur supposé me protéger et qui pourtant montrait au monde que je portais un bébé dans mon ventre.

En mars, j'ai dû être hospitalisée. Mon corps voulait que ce bébé arrive, mais c'était trop tôt. Je reproduisais l'alitement de ma mère avant ma propre naissance. C'était en Mars. Le futur papa venait me voir à la clinique le soir, après son travail. J'étais allongée, perfusée, subissant des examens et entourée d'appareils faisant bip-bip.

Un jour, il vint avec une lettre à la main. C'était une lettre de sa mère. Elle l'avait écrite, je me souviens, sur du papier bleu, format A5. Il y avait plusieurs feuillets. Il me lut tous les feuillets. Elle lui souhaitait un bon anniversaire et regrettait le temps où ils le fêtaient tous ensemble (sympa pour moi). Le post scriptum, le truc qu'on lit en dernier, celui qui marque, indiquait que son mari et elle étaient allés à l'enterrement du dernier bébé de Claudine, mort d'une malformation cardiaque. Bien que je sois désolée pour le bébé de leur cousine lointaine que je ne connaissais pas, je ne pus m'empêcher de ressentir de la colère teintée de tristesse.

C'est seulement quand il vit les deux grosses larmes rouler sur mon visage, qu'il dit :

- Merde, je suis con, je n'aurai pas dû te lire cette lettre.

- C'est pas grave, mon chéri.

Je ne pouvais m'arrêter de pleurer. Les hormones sans doute. Et puis vous avez sans doute remarqué ce phénomène lorsqu'on entre en tant que patient à l'hôpital, même si on n'est pas malade, on le devient. On n'est plus qu'un corps, qui dépend du personnel soignant, des visites, des examens. Notre volonté est mise en berne, on n'est plus aussi dynamique qu'en dehors de l'hôpital.

Mes larmes coulaient. Je me serai passée de cette information de bébé malformé et mort alors que j'étais à la clinique, perfusée, diminuée, et portant un enfant à venir.

Les hormones et la colère me firent dire :

- Elle ne verra pas cet enfant quand il naitra.

C'est seulement un an plus tard, à l'occasion du 1er mai, que j'ai acheté un pot de muguet, j'ai habillé notre petit bonhomme et il est allé avec son père voir sa grand-mère paternelle pour la première fois. Il m'est revenu par la suite qu'elle avait versé une larme en le voyant. On m'a aussi dit qu'elle n'avait jamais compris pourquoi cette interdiction pendant un an. Comme quoi, c'était une maladresse de sa part. Qu'en pensez-vous Sigmund ?

J'ai réagi violemment à ce que j'ai ressenti comme une violence, alors que, parfois, peut-être, ce n'est qu'une maladresse.

*

Je ne vais pas m'étendre sur l'accouchement. Ça fait mal. Pas de péridurale parce que pas le temps. Je me souviens avoir vu le futur papa me tenir la main alors que j'ouvrais les yeux entre deux hurlements. Nous avions convenu qu'il n'assisterait pas car il risquait de tomber dans les pommes. J'ai dû demander aux aides soignantes de lui faire quitter la pièce alors qu'une nouvelle contraction arrivait. A la place de lui serrer la main, j'ai broyé le poignet d'une aide soignante. Plus tard, je lui ai offert des chocolats, en lui présentant mes excuses pour lui avoir meurtri le poignet. Nous avons un peu discuté et devant ma gêne, elle me confia qu'il y avait des femmes qui criaient « maman ! » lorsqu'elles accouchaient. Crier « Maman » au moment où on donne la vie soi-même à un enfant nous paraissait surprenant. J'étais d'accord avec elle. Moi, je n'ai pas crié « maman ». Est-ce parce que je savais qu'elle ne pouvait pas me répondre, ou est-ce parce que dans ma situation, je trouvais cela déplacé ?

Le moment où on m'apporta le bébé enveloppé dans une couverture en aluminium qui bruissait à chaque mouvement – on aurait dit un œuf de Pâques, et à dire vrai c'était un lundi de Pâques - fut un moment d'hésitation, car le bébé qu'on me tendait était blond. Le temps s'est suspendu pendant une fraction de seconde. J'hésitai. Comment pouvais-je avoir accouché d'un bébé blond, moi avec mes cheveux noirs d'Asiatique ? Cette fraction de seconde me permit de me remémorer mon arrivée à la clinique, un peu avant 7h00 du matin, en même temps qu'une autre femme au gros ventre. Nous avions eu quelques minutes pour échanger. Elle, c'était son deuxième enfant, et elle savait qu'elle allait avoir une fille. Moi je savais que mon bébé était un garçon. Donc il n'y avait pas d'erreur. Alors je l'accueillis dans mes bras.

Les tatas chinoises venues me rendre visite à la clinique, me posèrent des questions quand elles me virent en chemise de nuit :

- Tu n'as pas bandé tes jambes ?

- Non.

- Tu n'as pas bandé ton ventre ?

- Non.

- Tu n'as pas bandé ta tête ?

- Non.

Et quand le repas me fut apporté :

- Tu manges de la salade et du jambon, et tu manges de la compote froide ?

- Oui.

Toutes ces questions ont généré chez moi de la perplexité et de la tristesse. Je ne savais pas ce qu'il fallait faire. Je ne savais si elles avaient raison, si je faisais bien les choses. J'étais seule, je venais d'accoucher, je n'avais pas ma maman auprès de moi. Mon père, à qui j'ai téléphoné m'a dit :

- Ne t'inquiète pas, c'est comme ça en Chine.

Quand je me retrouvais seule avec mon bébé, je le prenais dans mes bras, et en pleurant je fredonnais la chanson de Claude François : « C'est toi et moi contre le monde entier. »

Selon la tradition chinoise, nous avons dû, le bébé et moi, rester un mois à la maison, sans sortir. Ce n'est qu'au bout de ce mois que nous avons fait un grand repas dans le restaurant chinois voisin, celui qui était tenu par le couple d'amis qui était venus au commissariat, des années auparavant. Nous avons reçu beaucoup de cadeaux pour le bébé. La générosité des Wen semblait nous pousser déjà à faire un deuxième bébé, car nous avions lits, poussettes et autres en double.

*

Mon père partit vivre dans un appartement à Paris. Il passa par différentes phases. Il se mit à fumer, peut-être aussi à boire. Puis, il se mit à faire le ménage, tout le temps, tous les jours. C'était super propre chez lui. Son appartement était comme un mausolée à la mémoire de ma mère. Il y avait des photos d'elle partout. Il avait même fait faire un tableau d'après un cliché d'elle. C'est alors que la communauté wen décida de le prendre en charge et décréta qu'il ne pouvait rester seul. C'est ainsi qu'une jeune femme lui fut présentée. Elle était seule à Paris. Mon père ne me raconta son histoire que bien plus tard. Il nous la présenta officiellement lors d'un déjeuner au restaurant. Je remarquais qu'elle portait une bague qui ressemblait à une des bagues de ma mère. Sur le moment, je n'y prêtais pas plus attention que cela. Je n'avais pas d'avis et ne me permettais pas d'en avoir sur cette relation. Je comprenais et acceptais intuitivement que mon père ne pouvait rester seul.

C'est seulement quand il m'a annoncé qu'il allait se marier que le choc devint réalité. Je lui téléphonais tous les jours pour le questionner, pour comprendre pourquoi il « devait », selon ses dires se marier. Je ne comprenais pas la nécessité d'un mariage. Un de mes amis, Philippe, à qui je racontais ma souffrance et mes questionnements m'a dit :

- C'est comme si tu parlais français à un Chinois et que ton père parlait chinois à une Française.

Le tableau et toutes les photos représentant ma mère avaient disparu, tout ce qui pouvait rappeler qu'elle avait existé. Ce fut difficile et violent pour moi. Je me suis sentie abandonnée, moi qui me raccrochais à ma souffrance, moi qui faisais tout pour que la vie continue, tant bien que mal, alors que j'étais enceinte de notre deuxième enfant. Dans ses tentatives pour me convaincre, il m'a dit :

- Je me marie aussi pour toi, pour que tu n'aies pas à t'occuper de moi quand je serai vieux.

Est-ce cette phrase de rejet et/ou d'amour qui me fit aller vers les maisons de retraite quelques années plus tard ?

Sa future femme étant plus jeune que lui, j'ai craint qu'elle ait envie de faire un enfant. Il m'a rassurée :

- Mais non, je n'ai pas besoin d'un autre enfant, je t'ai toi !

*

Mon deuxième garçon est arrivé plus tôt qu'à la date prévue. Comme si mon corps semblait reproduire quelque chose ou avait une prédisposition. Je ne sais pas si c'est mon corps ou mes enfants qui voulaient arriver plus tôt que le terme. Quelques années plus tard, lorsque je lui demandais pourquoi il était venu plus tôt, ce petit bonhomme qui, à l'époque zozotait, m'a répondu :

- Je suis venu plus tôt pour te faire rigoler.

Pour les deux accouchements, les sages-femmes penchées sur mon intimité ont, les deux fois, déclaré que cette naissance était magique, ce qui ne me paraissait pas évident. J'avais les jambes écartées, la sueur au front et la douleur dans les entrailles. Elles ne disaient pas cette phrase pour me réconforter. Elles le pensaient vraiment. En effet, mes deux bébés sont arrivés « coiffés », c'est-à-dire qu'ils ont la poche amniotique qui glisse sur eux lors de leur sortie. Il parait que c'est un moment magique, pour ceux qui ont la chance de le voir.

Mon père vint à la clinique, où ce deuxième enfant prématuré était encore sous couveuse. Il souhaitait passer à la maison prendre un canapé car il allait se marier et allait recevoir du monde.

Les hormones encore ? Le décalage entre les préoccupations me fit hurler dans la chambre que je partageais avec une autre future maman.

Du coup, il partit s'acheter un canapé.

Et je ne fus pas invitée au mariage.

Péteuse de codes

En plus de l'humiliation de ne pas avoir été invitée, ni informée, à part indirectement par l'épisode du canapé, j'ai vécu le mariage de mon père comme un abandon, un rejet, une trahison. Ou plutôt, dans l'ordre, une trahison, un rejet, un abandon. Comme si ma mère n'avait pas existé, comme si on l'effaçait, et par conséquence, j'étais à mon tour rayée de l'histoire.

Je souffrais trop pour pouvoir comprendre et accepter. Le sentiment de trahison et d'abandon s'est exacerbé avec un épisode, semble-t-il anodin au départ, et raconté par mon amoureux. Il était rentré plus tôt, un jour, à la maison, et avait croisé mon père qui avait conservé un jeu de clés. Ce dernier partait et lui dit qu'il était venu chercher quelques outils, alors qu'il n'avait rien dans les mains.

Ce n'est que beaucoup plus tard, quand les émotions s'entrecroisèrent, que je courus au coffre et découvris que la bague que portait la future femme de mon père était bien celle de ma mère. Ce qui me contraria, ce n'est pas le fait de donner une bague qui avait appartenu à ma mère. Encore que, à bien y réfléchir, c'est un peu limite comme cadeau à une future épousée. Non, ce qui en a rajouté à mon agacement, c'est que mon père, quand je le confrontai, nia et dit l'avoir faite copier.

Tous ces sentiments de rejet, de trahison, d'abandon que je ressentais m'ont poussée à organiser notre mariage. Après les fiançailles et deux enfants, nous n'étions toujours pas mariés. J'avais besoin de me lancer dans un projet. Et puisque je me sentais rejetée, abandonnée par mon père, j'avais besoin d'appartenir à un groupe. Notre mariage me permettrait d'appartenir au groupe de ma belle-famille.

Après plusieurs week-ends de recherches, nous avons retenu le château de Brou-sur-Chantereine.

Tout à notre joie d'organiser notre mariage, nous avons téléphoné à ma future belle-mère (mother-in-law). Elle nous asséna que la date que nous avions choisie coïncidait avec celle de sa cure à Abano. C'était non négociable. Dociles, nous avons alors abandonné notre projet de mariage dans un château. J'étais en colère, encore une fois.

Cela n'a pas amélioré la relation avec ma belle-mère. Mais après tout, la difficulté de la relation belle-mère/belle-fille n'est pas un mythe. Je pense même que c'est universel.

Finalement, notre repas de mariage eut lieu dans une guinguette des bords de Marne, en toute simplicité.

Et ce jour là, je n'ai pas prêté attention aux vêtements amples que portaient ma step mother.

En anglais la belle-mère, mère du conjoint, c'est la mother-in-law,

La belle-mère, seconde femme du père, c'est la step-mother.

Efficacité anglo-saxonne...

*

Malgré le mariage et les enfants, notre relation de couple avait du mal à se construire dans cette grande maison.

Un soir, alors que je cherchais quelque chose, je ne me rappelle plus quoi, j'ai découvert une bouteille cachée dans un placard au rez-de-chaussée, qui faisait office de sous-sol. Une bouteille avec un liquide transparent. Ce n'était pas de l'eau. Je suis revenue à cette cachette tous les jours pour vérifier le niveau. Comme un chien de chasse, je me suis mise à fureter partout, dans toutes les cachettes possibles, je me suis mise à chercher d'autres bouteilles. C'était devenu une obsession.

Je n'ai pas su me battre contre cette rivale liquide, qui avait le pouvoir de transformer mon mari en quelqu'un que je ne connaissais pas. Mister Hyde apparaissait quand il en avait ingéré, alors qu'il était un gentil Docteur Jekyll.

Etait-ce la faute de mon alliance que j'avais faite agrandir et qui s'était cassée au moment de l'agrandissement ? Etait-ce la faute de cette grande maison si lourde ? Etait-ce la seule faute de cette potion magique, qui transformait mon mari ?

Le contenu de cette bouteille avait un pouvoir bien plus important que l'amour qui nous unissait. Dans notre couple, nous n'étions plus deux, nous étions trois. Elle était là, très présente, entre nous. Je me sentais encore une fois trahie, trompée, ... cette fois par une bouteille.

Assez rapidement, nous avons fait chambre à part, vacances à part, sorties à part.

Et, inévitablement, après deux ans de cohabitation à trois, nous avons divorcé. Le jour du divorce, nous avons déjeuné ensemble et nous sommes redevenus les bons amis que nous étions auparavant.

Je me suis retrouvée seule dans la grande maison avec les enfants, les chiens, le chat, les poissons rouges. Ce fut une époque lourde. Je travaillais beaucoup.

Parmi les fonctions que je devais accomplir, j'organisais une fois par an un séminaire à la montagne. Lors de l'un d'eux, mes supérieurs hiérarchiques, venus me chercher en voiture devant la maison, firent cette remarque :

- Tu as vu dans quoi elle habite, notre assistante ? Alors que nous, on est dans un appartement de deux pièces.

Cette phrase m'a beaucoup blessée. J'avais envie de leur hurler que je donnerai cette maison et tout le reste pour pouvoir revoir ma mère.

Cette remarque et la charge de travail, sans compter la charge financière et émotionnelle que représentait cette maison firent partie des raisons qui m'amenèrent à la mettre en vente. Toutefois, j'avais l'impression de trahir mon père, ma mère et leur vie. La maison mit longtemps à être vendue. Je l'avais mise à la vente trop cher. Plus tard, en y repensant, je dirai que j'y avais ajouté ce que j'appelle le zéro affectif.

Quand mes parents avaient acheté cette maison, les vendeurs étaient au nombre de quatorze, successeurs d'un vieil homme dont le fils s'était pendu dans la maison. Avant la signature définitive, les successeurs étaient passés de quatorze à seize, suite à un nouveau décès. Ma mère y est morte assassinée. Enfin, le jour de la vente, l'acheteur de la maison est arrivé plié en deux : colite néphrétique. Quelque temps plus tard, il se retrouva sans emploi.

Malgré ce sentiment désagréable de trahir mes parents, je ne peux m'empêcher de penser aujourd'hui que la vente de cette maison était un acte de vie. Quelque chose qui me dépassait me faisait faire ce pas en avant. Me débarrasser des meubles, de la maison, des tâches-corvées. Porter cette maison, porter ce qui avait été le projet de mon père était tellement lourd que mon corps m'envoyait des messages que j'attribuais à l'ampleur de la tâche. Je ne vivais pas, je survivais. Je vivais ou tentais de vivre pour ce qui n'était pas à moi.

Une fois la vente réalisée, mes enfants et moi partîmes nous installer dans un appartement en ville. La vie au quotidien fut un peu plus facile. Plus de chiens, plus de poissons, plus de jardin. Moins de contraintes.

*

Parallèlement, le père de mes enfants n'allait pas bien. Les appels en pleine nuit, les voitures accidentées indiquaient que sa compagne liquide l'emmenait sur un chemin triste et dangereux.

...

Un jour, après de nombreux mois de douloureuse errance, il fut transporté à l'hôpital. La potion magique qu'il prenait tous les jours avait eu raison de lui. Il avait été retrouvé sur la voie publique, sa tête ayant heurté une jardinière en pierre. Il était dans le coma.

Tous les jours, sur le chemin du travail, je passais en voiture devant la bretelle d'autoroute qui menait à cet hôpital. Tous les jours, je téléphonais à l'hôpital pour prendre de ses nouvelles. Au bout de quelques jours, les médecins décidèrent de soulager son hématome sous dural en l'opérant.

Il est mort sans que je sois allée le voir. Je m'en veux encore aujourd'hui.

J'ai gardé pour moi la nouvelle de son décès toute la journée. C'était un samedi. Mon fils aîné était invité à un anniversaire et je ne me sentais pas le courage de lui gâcher ce plaisir. C'est seulement le soir que j'ai annoncé la triste nouvelle à mes enfants. Je pleurais en leur demandant pardon de leur avoir menti. J'avais dit que leur papa était occupé par le travail et que cela expliquait son absence. Entre deux sanglots, j'avouai qu'en réalité il était malade et que les docteurs pensaient qu'il irait mieux. Mais que finalement, il n'allait pas mieux et qu'il était mort. J'ai annoncé cela de façon directe, abrupte. Il fallait que je le dise, que le doute n'ait pas sa place. Je me suis trouvée dure, nulle. Est-ce qu'il y a une manière douce pour annoncer la mort d'un parent à un enfant ?

Mon fils aîné s'est levé et a reculé. Il a regardé la table. J'ai cru qu'il allait la soulever comme moi, dix ans plus tôt, une nuit dans un commissariat de banlieue. Mon second fils a ouvert des grands yeux, je crois qu'il n'a pas réalisé. Comment l'aurait-il pu ? Comment peut-on comprendre ce qu'est la mort quand on a six ans ?

La mort du père de mes enfants avait réveillé le souvenir de la mort de ma mère, dont je n'avais pas fait le deuil. Faire le deuil : je ne savais même pas ce que ça voulait dire. Je ne savais pas qu'il y avait plusieurs étapes dans ce « faire le deuil ». Tout était douleur, souffrance et colère, entremêlés de déni, de négociation, de tristesse. Je vivais et agissais comme un robot. J'étais à cran tout le temps.

J'étais coupable.

Coupable d'être vivante.

Coupable de survivre à ma mère, à mon mari. Coupable !

Coupable et seule.

Je ne savais pas qui j'étais, pourquoi j'étais là, sur cette terre. Je ne comprenais pas pourquoi tout cela m'arrivait. Je ne comprenais rien. Rien n'avait de sens.

Je n'étais que souffrance.

Lorsque ma belle-mère m'annonça qu'elle ne souhaitait pas s'occuper de l'appartement de son fils, qu'elle avait pris quelques photos et que cela lui suffisait, je dus aller récupérer les clés de l'appartement de mon mari. Mes beaux-parents se sont engueulés devant moi, encore, sur lequel d'entre eux deux devait payer les funérailles. J'ai été peinée d'entendre ça. Mais encore une fois, on fait ce qu'on peut avec ce qu'on a et ce qu'on est, quand on est dans la grande souffrance.

Je me suis retrouvée seule dans cet appartement, à trier, à donner, à jeter. Je n'avais pas imaginé que ce serait si dur. Henri, l'ami de lycée de mon mari, à qui j'ai téléphoné, est venu tout de suite, de province. Il a fait le trajet pour être là, avec moi, dans l'appartement de son ami, mon mari, cette après midi-là.

*

Le jour de l'enterrement, les membres de ma belle-famille ont formé une haie. Ils se sont mis en rang, les uns à côté des autres. Toutes les personnes venues à la cérémonie devaient passer devant eux pour présenter leurs condoléances, en serrant la main ou en faisant la bise.

Condoléances : Expression de la part que l'on prend à la douleur de quelqu'un.

Nous étions divorcés. Administrativement, je ne faisais plus partie de leur famille. Je suis passée devant ma belle-mère, devant mon beau-père, devant mon beau-frère, devant sa femme, devant ma belle-sœur, devant son mari, pour leur présenter mes condoléances.

Pour satisfaire au conformisme de ce protocole, je suis passée comme un robot devant chacun d'eux.

Celui qui m'a le plus émue, c'est mon beau-frère. Un grand type pas très loquace et pas démonstratif. Lorsque je lui ai fait la bise, il a eu un hoquet, un sanglot qui venait de loin, qu'il a retenu dans le fond de sa gorge. C'est le seul petit signe qui, aujourd'hui encore, adoucit le souvenir de ce moment d'immense solitude.

Aujourd'hui, quand je pense à cette haie de condoléances, je pleure encore. Je pleure parce que je me suis sentie humiliée et rejetée, parce que c'est comme si cette haie, dont je ne faisais pas partie, m'interdisait d'éprouver de la douleur, comme si moi je ne souffrais pas. L'homme que j'avais aimé et que j'aimais encore, l'homme avec lequel j'avais eu deux enfants, l'homme avec lequel j'avais voyagé, fait des projets, l'homme avec lequel j'avais ri, avec lequel j'avais pleuré, l'homme qui m'avait soutenue, l'homme qui m'avait aimée, l'homme que je n'avais pas su et, pas pu aider était mort, et je devais compatir à leur peine de ne plus le voir, de ne plus l'avoir comme fils, comme frère, comme beau-frère. Je me retrouvais seule avec deux enfants, enfants que j'avais faits avec lui. Mais je n'étais rien. Ni aux yeux de l'administration, car divorcée avant d'être veuve, ni aux yeux de ma belle-famille.

Je n'avais pas ma place dans cette famille que j'avais voulu rejoindre.

Je me suis retrouvée seule, à l'écart, devant le petit cimetière de ce village.

C'est Henri, qui, plus tard, m'a dit que, si mes enfants, avaient été là, j'aurai dû, selon ces codes, passer aussi devant eux. Ils n'avaient pas souhaité être présents.

Quelques jours plus tard, ma belle mère organisa le déjeuner d'anniversaire de mon beau-père. Le gâteau posé devant lui portait les bougies-chiffres 7 et 3. Emu, il dit que c'était un anniversaire bien triste. L'un des membres de la famille a maladroitement suggéré :

- Oh ben il n'y a qu'à inverser les chiffres, cela fera 37 ans...

- Ben non, c'est pas malin, c'est l'âge de ..., a réagi ma belle-mère.

Je pense qu'elle a dit le prénom de son fils, je ne l'ai pas entendu, c'était trop pour moi, j'étais déjà debout et je m'éloignais en maugréant dans mon menton sans barbe, et en claquant la porte, qu'il n'aurait pas fallu fêter cet anniversaire.

Putain de codes ! Les codes plus importants que les émotions.

Encore une fois...

La leçon était rude. Ces événements m'ont fait beaucoup souffrir.

Je crois qu'ils m'ont fait entrevoir que parfois, pour écouter son cœur, il faut savoir péter des codes. Envie d'être une péteuse de codes ?

Caillou

Une gynécologue m'avait raconté qu'elle recevait parfois des couples recomposés qui souhaitaient avoir à nouveau un enfant, alors que leur corps commençaient à entrer dans l'automne d'une existence. Courageusement, elle leur refusait l'aide qu'ils demandaient et qu'elle aurait éventuellement pu leur apporter. Elle disait qu'elle ne se sentait pas le droit d'aller contre ce que la nature avait prévu.

Ma belle-mère, non pardon, ma step-mother, avait déjà eu un enfant avant d'être présentée à mon père. Elle avait été mariée en Chine, et avait eut un fils. Son mari, venu en France pour faire fortune (encore un), n'avait plus donné de nouvelles au bout de quelques années. Elle avait décidé de venir en France pour le retrouver, laissant la garde de son fils à la grand-mère de celui-ci. Elle avait découvert, à son arrivée, qu'il avait une femme et deux filles. Ils avaient alors convenu de divorcer, avec l'aval du consulat de Chine. La condition imposée par l'homme (eh oui, il était encore en mesure de poser une condition !) avait été de « récupérer » son fils, parce qu'avec sa seconde femme (personnellement, j'aurais dit la génitrice ou l'utérus), il n'avait eu que des filles.

A la lumière de ce chemin de vie, le ressentiment que j'ai eu pendant des années, devant l'arrivée d'un demi-frère, n'a pas grand poids devant le désir d'enfant de cette femme.

Mon demi-frère est né une petite année après la naissance de mon deuxième garçon. Mon père tenta un : « voici votre oncle, vous devez l'appeler tonton », en tendant un nourrisson à mes enfants. Cela me parut lunaire. Ils étaient tous les trois des enfants, les prénoms seraient plus simples, non ?

Moi, je n'étais plus fille unique. Ou plutôt, il me fallait désormais le préciser, j'étais la fille unique de mon père et de ma mère. Et, avec un sourire lourd et/ou asiatique, j'ajoutais que j'avais été fille unique jusqu'à mes 31 ans.

J'ai vécu toutes les années suivantes comme je pouvais, très seule, malgré les week-ends, les anniversaires et Noëls passés dans la famille de mon mari, ou avec mon père et sa nouvelle famille.

Je m'étais fixée l'objectif de maintenir des relations avec ma belle-famille pour mes enfants, car c'était la famille de leur père décédé. Et je m'efforçais de maintenir des relations avec mon père, sa femme et leur fils, parce qu'il était mon père, et que je n'avais plus de mère. Je ne savais pas où était ma place. J'étais ballottée entre ces deux groupes et noyée dans mes émotions. Je me drapais dans mon rôle de maman solo. J'avais besoin de sentir que je faisais partie, même un peu, en pointillés, de ces deux familles. Ces pointillés dont les vides entre les traits étaient remplis de mes appels parce que les membres de ces deux groupes semblaient n'avoir que des téléphones avec la fonction réception. Ces pointillés dont j'avais, parfois, l'impression d'avoir forcé les traits à s'écrire, puisque c'était toujours moi qui leur téléphonait.

Du côté amical, j'essayais d'entretenir quelques relations avec des anciens copains de fac. Ils étaient tous mariés, et avaient femme et enfants. J'étais à l'époque la seule divorcée, et de surcroît veuve. Lors d'un dîner où j'invitais deux de mes anciens copains, je sentis une indicible complicité qui s'était établie entre les deux femmes, qui ne se levèrent pas une seule fois pour m'aider. Elles avaient amené leurs enfants sans avoir eu à l'esprit de les faire dîner avant. Je dus faire un premier repas, que je n'avais pas prévu, pour les six enfants, puis servir le repas pour les adultes. Je ne réussis pas à capter l'attention des femmes lors d'une conversation sur les lunettes de nos enfants. Trois sur six en portaient – un par famille. Je n'ai fait que servir les plats. Ce soir là, je me suis encore sentie très seule. Je n'ai plus fait de dîners. Je me suis concentrée sur mon rôle de maman. J'avais beaucoup à faire.

*

Ces années furent lourdes et chargées. J'étais une *working mom*. J'endossais comme je le pouvais, ce que je pensais être les prérogatives du rôle du papa, tout en faisant tout ce qui revenait au rôle de maman. J'étais organisatrice de vacances. J'étais pourvoyeuse de câlins, j'étais liseuse d'histoires, j'étais éducatrice, banquière, cuisinière, femme de ménage, etc. J'avais toutes les casquettes.

C'était comme si on m'avait jetée à l'eau et que j'avais appris à nager toute seule de façon empirique. Je me débattais pour avoir un peu d'air à respirer. Il fallait que je me maintienne à la surface car j'avais la charge de deux enfants. Je faisais chaque jour les mouvements qui me permettaient de ne pas couler. Ma nage n'était pas fluide. Elle était épuisante, mais je me maintenais. Je faisais tout ce qu'il fallait pour rester au dessus de la surface de l'eau. De temps en temps, je coulais et buvais la tasse, mais je remontais, et je continuais d'avancer, tant bien que mal.

*

Mon père et sa femme créèrent une église évangélique. Mon père me dit au début de son chemin vers sa foi : « Je sais pourquoi maman est morte.». Cette foi aida beaucoup mon père pour accepter la mort de ma mère. Alors que j'étais encore loin de la phase d'acceptation de cette mort, surprise et pleine d'espoir, avide d'explication, je l'ai écouté.

- C'est parce que nous n'avons pas assez prié.

- Papa, si pour toi, cette explication te convient, je suis heureuse pour toi. Mais pour moi, elle n'est pas suffisante, ni satisfaisante. Maman est morte parce que des types sont venus un soir, et l'un d'eux l'a assassinée avec un couteau parce qu'ils voulaient de l'argent.

Le prosélytisme dont mon père et sa femme firent preuve à mon égard, à cette époque, pour m'emmener sur le chemin de leur foi, fut pour moi très envahissant et pas assez convaincant pour m'y faire adhérer. La foi qui apaisait la douleur mon père ne parvint pas jusqu'à moi. Peut-être avais-je peur de ne plus souffrir. Car si je me délestais de ma souffrance, j'aurais eu l'impression d'oublier.

Et je ne voulais pas oublier.

Je ne pouvais pas oublier.

Cette douleur était ma bouée.

Je me souviens, la psy que je consultais à l'époque, a tenté de me faire comprendre :

- Vous avez détourné le *Cogito* de Descartes. Pour vous, le « Je pense donc je suis » est devenu « Je souffre donc je suis ».

Je me sentais seule et délaissée par ce père, le seul parent qui me restait, qui n'était pas un démonstratif, et dont les plus-que-rares marques d'intérêt ne me suffisaient pas. Je ne trouvais pas ma place dans la nouvelle famille de mon père.

*

Cette immense solitude me torturait tellement que je tentais de mettre des explications sur cette absence de manifestations à mon égard. C'est alors qu'un souvenir enfoui de mon enfance refit surface. Une image m'est apparue. Elle ne laissait pas de place au doute. Ma mère avait eu un amant. Et je savais qui était cet homme.

Je l'ai contacté et rendez-vous fut pris pour un déjeuner. Dans le restaurant qu'il avait choisi, nous nous sommes installés à une table et avons passé commande. Les plats sont arrivés. Je ne pouvais pas parler. Les mots ne sortaient pas de ma bouche, alors que les larmes se bousculaient déjà à mes yeux. Lui, il a déjeuné. Moi pas. Il a bien vu que je n'étais pas dans mon assiette. Dès que j'essayais de parler, les larmes coulaient et tombaient dans les plats. Je devenais une espèce de tas dégoulinant qui n'avait pas assez de mouchoirs pour éponger les divers liquides qui s'écoulaient des orifices de mon visage. A la fin du repas auquel je n'ai pas touché, il m'a emmenée dans un endroit où nous n'étions que tous les deux.

J'étais dans un tel état de liquéfaction que j'avais opté pour la méthode directe, sans détours.

- Je sais que maman et toi, vous avez eu une relation. Ne tente pas de me dire le contraire, je suis une adulte maintenant.

En prenant une inspiration, il répondit très calmement.

- Oui c'est vrai, ta maman et moi, nous nous sommes aimés. Elle voulait que nous partions ensemble. Nous avons parlé. Nous avons beaucoup parlé. Ce n'était pas possible. Les choses étaient différentes à l'époque.

Moi, sanglotant et hoquetant :

- Mais, est-ce...est-ce-que tu pourrais... est-ce-que tu pourrais être ... mon père ? »

Lui, surpris :

- Mon enfant, pourquoi demandes-tu cela ? Cela me fait de la peine pour toi que tu puisses poser cette question.

Moi, en sanglotant :

- Parce que mon père ne s'inquiète jamais de moi. Je suis seule, je n'ai plus ma mère, le père de mes enfants est mort, je suis toute seule avec mes enfants, je n'ai personne. Mon père ne me manifeste aucun intérêt. Il ne me téléphone jamais. Il ne prend jamais de nouvelles de ses petits-fils. J'ai pensé que peut-être, ce n'était pas mon père...

Lui, baissant la tête :

- Je suis touché que tu me poses cette question, et ça me fait de la peine pour toi, ma chérie. Lorsque je suis arrivé en France, tu étais déjà née.

Ton père est bien ton père.

Je pleurais, reniflant, et me mouchais. Quelque part, j'étais soulagée et en même temps j'étais en colère. Tout se bousculait dans ma tête.

- Je te conseille d'aller voir ton père, reprit-il, et de lui parler. Dis-lui ta peine, dis-lui que tu te sens seule. Va lui parler, je suis sûr qu'il comprendra.

Je me rappelle de la qualité d'écoute, de la douceur et de la bienveillance de cet homme.

Dommage.

C'était aussi un 14 février.

*

J'aimerais avoir des mauvais souvenirs de ma mère, pour pouvoir la détester, un peu. Je me disais que cela me permettrait de moins souffrir du manque d'elle.

Une question m'habitait : « Est-ce que je faisais partie de son voyage d'amour ? » La réponse pouvait peser dans le plateau des griefs à son encontre.

Il me revient l'histoire qu'elle me racontait quand j'étais gamine. C'était celle d'une relation amoureuse, cachée, entre un homme et une femme de deux villages voisins. Ils s'échangeaient des mots doux placés sous une pierre à mi-chemin des deux villages. Ils projetaient de partir ensemble et la date de leur départ approchait. Elle attendait impatiemment le message déclencheur d'une nouvelle vie. Les derniers mots qu'elle lut sur le papier caché sous le caillou-boite aux lettres furent :

« Je ne pourrais jamais partir avec une femme qui laisse ses enfants derrière elle. »

Ma mère ne m'a pas laissée derrière elle. Je ne peux pas la détester.

Des années plus tard, j'ai eu une relation avec un homme marié. Un matin, alors que je dormais encore, il me téléphona. Alors qu'il susurrait des mots doux, je lui demandais d'où il me téléphonait. Le temps d'être complètement réveillée, je pris conscience qu'on était dimanche matin, il devait m'appeler d'une cabine téléphonique. Pour sa femme, il était en train de faire son jogging. La vision de l'amant, en short, chaussettes, chaussures de jogging, jambes poilues entre le short et les chaussettes, téléphonant dans une cabine à sa maitresse, eut raison de cette relation, qui de toute façon n'avait pas d'avenir.

Il avait le même prénom que le prénom français de l'amant de ma mère.

Gloups

Durant l'écriture de ce livre, j'ai été traversée par des émotions diverses. J'ai beaucoup pleuré à l'évocation des moments douloureux. Je m'y attendais. En revanche, je me suis laissée surprendre à être émue par des découvertes dont je n'avais pas prévu l'impact. Je pensais, naïvement, que ce serait, quelque part, facile, d'écrire tout ce que je portais en moi. Mettre en mots, juxtaposer les mots pour en faire des phrases, associer les phrases en paragraphes, puis les paragraphes en chapitres, tout ce processus a représenté un travail dont l'ampleur et la charge émotionnelle m'ont fait appréhender les choses sous des angles que je n'avais pas imaginés.

Par exemple, j'ai pleuré quand j'ai écrit le voyage de mes parents vers la France. Je réalisais que ce que je vivais lors des voyages que je pensais faire en routarde était bien loin de ce qu'ils avaient traversé.

J'ai dû faire quelques recherches, passer quelques coups de téléphone pour comprendre certaines articulations.

Par exemple, comment mon oncle était venu jusqu'à notre appartement la nuit de l'assassinat, alors que la seule personne qui connaissait notre adresse était ma mère. Mon oncle que je questionnais ne se souvenait pas. Il a suggéré que mon père, interrogé par la police, avait dû donner l'adresse. Cette hypothèse, plus que probable, m'a bouleversée. Ce père qui avait refusé de monter dans notre appartement, ce père qui était blessé, ce père qui ne montrait aucune émotion, ce père qui venait de voir sa femme assassinée, si la suggestion de mon oncle était avérée, ce père avait mon adresse en tête, et l'avait donné à la police pour qu'on puisse venir me chercher.

Bien que mon père ne sache pas lire le français, je me sentais tenue par une forme de loyauté de devoir dire que j'écrivais un livre sur notre histoire. Ou bien me soumettais-je encore ? J'allais raconter mon père, ma mère, la seconde femme de mon père, mon demi-frère. Je devais le dire à quelqu'un. C'est à ce dernier que je révélai mon projet. Durant notre longue conversation, un aveu en entrainant un autre, je lui ai avoué, tout en m'excusant, que sa venue au monde avait été une souffrance pour moi. Je lui ai avoué que je m'étais sentie rejetée, isolée, abandonnée. Ce demi-frère m'a alors, à son tour, révélé que lui, il avait dû marcher dans mes traces, dans les traces de la sœur ainée. Il me disait que notre père était fier de moi, il m'avait poussée à faire des études parce qu'il voyait que j'avais des capacités, il disait que je conduisais bien, il avait imposé à son fils de faire la même seconde langue que moi. J'ai été émue et en même temps, je regrette de n'avoir jamais entendu cette fierté de vive voix. Dommage d'apprendre cela de la bouche de mon demi-frère. Eternelle insatisfaite...

Je racontai aussi à mon demi-frère que pendant qu'il terminait ses études en Chine, notre père m'avait convoc-invitée à un déjeuner. Durant ce déjeuner, il avait commencé par faire un état des lieux de sa santé. Il avait subi deux interventions chirurgicales : des pontages, déviations de vaisseaux sanguins, pour amener le sang correctement au cœur, parce que les vaisseaux d'origine, les coronaires, étaient bouchés. Puis, il avait continué en ânonnant sur son appartement. Il ne finissait pas ses phrases, que je ne manquais pas de terminer, en fille soumise par des années d'allégeance, et surtout tellement heureuse qu'il m'ait sollicitée.

Cela me fait penser à un des passages à l'hôpital de mon père, il y a quelques années. Son état était sérieux. Je travaillais et j'avais prévu d'aller le voir un soir, après le travail. Je dus m'y rendre, le soir même de l'appel téléphonique de mon oncle. Celui-ci me sommait de le retrouver dans le service où mon père était hospitalisé. Je fus coiffée, selon l'expression asiatique, du chapeau de traductrice. J'étais la seule à pouvoir traduire ce que disaient les médecins. Ni lui, ni l'épouse de mon père ne parlaient assez bien français pour comprendre leur jargon. Il ne me laissait pas le choix. Je devais y aller, le jour même. J'ai obéi. J'ai traduit comme je le pouvais en wen, car autant je comprenais les termes français, autant traduire en wen était une autre étape, j'allais même écrire : une épreuve. Ce rôle-chapeau de traductrice m'a coupée de toute émotion. Je n'ai pas pu accéder à l'inquiétude d'avoir mon père dans un état critique à l'hôpital. En m'exécutant de cette mission, j'ai exécuté la fille et ses émotions, la traductrice prenant toute la place.

Je sais qu'il y a de tristes exemples dans l'histoire de l'humanité qui illustrent ce propos. La charge symbolique représentée par une mission qu'on vous attribue vous place dans une position telle, que, la mission à accomplir devient plus importante qu'être. Qu'être soi. La mission avant d'être soi. Exécuter la mission revient à s'exécuter. S'exécuter au propre comme au figuré.

Pour en revenir à la convoc-invitation, au départ, touchée qu'il m'ait appelée, je me suis sentie investie d'une mission, encore une. Je devais aider mon père âgé, celui qui avait fait deux infarctus. Le Chinois immigré qui ne parle pas bien français, qui ne peut pas téléphoner à un notaire. Celui qui dit qu'il ne sait pas, celui qui dit qu'il a besoin de sa fille qui, elle, a fait des études supérieures. Même si un jour, il lui avait asséné :

- Tu es devenue bête, tu as fait trop d'études.

Je n'ai pas eu le flanc de répondre : « Mais c'est toi qui a exigé que je fasse des études ! »

Devant l'impossibilité de faire une donation de son appartement à un seul de ses enfants, en l'occurrence son fils, les règles successorales françaises ne le permettant pas, il avait suggéré que je signe des documents, arguant que cela avait été proposé par des amis français, en insistant sur le mot français, comme si le fait d'être français rendait la proposition plus acceptable. Je ne sais pas où j'ai trouvé le courage, ce jour-là, de dire que je ne signerais rien.

Ou plutôt si : le courage m'a été insufflé par *Gloups*. *Gloups* n'est pas mon ami imaginaire. *Gloups*, c'est le mot qu'a employé Karima, mon amie conseillère en gestion de patrimoine. C'est elle qui m'a expliqué les règles successorales françaises, celles que j'ai rapportées à mon père, deux semaines après la convoc-invitation. C'est aussi elle qui a dit : « Et toi, tu auras quoi, si son appartement va à son fils? » C'est elle, enfin, qui a dit : « C'est un peu *Gloups* comme demande ». Venant de Karima, ce petit mot, ce *Gloups* fut un véritable révélateur.

C'est elle, enfin, qui a ajouté : « On dirait qu'en Chine, une fille c'est moins bien qu'un garçon. »

C'est ce *Gloups* si futile et si lourd à la fois qui m'a fait réaliser l'ampleur de la demande de mon père, et ce qu'elle impliquait. Si je l'aidais à mettre en place ce qu'il me demandait, j'étais une gentille fille obéissante, au détriment de mon existence, au détriment de ma place.

Voyant ce jour-là qu'il n'obtiendrait pas ce qu'il voulait, il se leva, s'avança sur moi en pointant son index. Il était tout rouge. J'ai eu peur qu'il fasse un malaise. Il m'a reproché mes frasques d'adolescente, l'épisode de l'ami boiteux. En écrivant cela, je me dis que, à ses yeux, je n'étais qu'une mauvaise fille, parce que je n'accédais pas à sa demande, en plus de n'être qu'une fille.

Je me suis surprise moi-même à rester très calme. Peut-être grâce à la peur qu'il fasse un malaise ? Je me dirigeai vers la porte en disant qu'il pouvait faire ce qu'il voulait, mais qu'il devait me laisser être une personne (un être humain). Je ne sais pas s'il a compris. J'ai dit ça en wen. Je voulais parler de dignité, de posture. Aujourd'hui, en y réfléchissant, je ne suis pas sûre qu'il pouvait réaliser, quelle que soit la langue dans laquelle je l'aurais dit, l'implication que représentait sa demande pour moi. Ou suis-je en train de lui trouver des excuses ?

Je suis partie calmement, le laissant debout, au milieu de la pièce, avec sa colère. La colère de ne pas avoir été obéi.

C'est la peur m'a fait lui écrire une lettre d'apaisement, des mois plus tard. Une peur égoïste. J'avais peur qu'il ne meure avant que nous nous soyons reparlés. Je ne voulais pas porter cette culpabilité et vivre avec ce remords. Dans cette lettre, je regrettais qu'il ne retienne que les mauvais souvenirs à mon encontre. Dans cette lettre, je lui disais garder de lui les souvenirs positifs. J'ai écrit cette lettre en français. Sans doute un signe de ma part pour montrer que nous étions en France, et pas en Chine. Et j'ajoutai que j'acceptais de signer tout document, dès lors qu'il serait validé par un notaire français.

N'ayant jamais eu de réponse, au bout de quelques mois, je suis allée chez lui. Durant cette visite ayant pour tentative de renouer le lien, et de combler le silence de notre relation, j'ai osé demander s'il avait pris des dispositions concernant son appartement. « Non, j'ai laissé tomber », fut sa réponse dite sur un ton lourd, accusatoire et culpabilisant, accompagné d'un geste de la main, comme s'il chassait un insecte agaçant.

C'est à l'évocation de cette entrevue que mon demi-frère me coupa la parole et m'apprit qu'il serait propriétaire de l'appartement au décès de notre père. Notre père lui avait fait acheter la nue propriété. Juridiquement et administrativement, les choses avaient certainement été faites dans les règles. Ce père, âgé, chinois, immigré qui ne parlait pas bien français, qui ne voulait pas téléphoner à un notaire, avait très bien su faire ce qu'il fallait.

Et moi, je découvrais qu'il avait encore menti.

Mon demi-frère a dit : « Il a manqué de transparence. »

Litote.

Qu'est-ce que je croyais ? Que la communication, que la transparence allaient lui être donnés en l'espace de quelques mois ?

Qu'est-ce que je croyais ? Que la mort de ma mère me donnait au moins droit à un peu plus d'information ?

Qu'est-ce que je croyais ? Ce morceau de chair que les hommes ont entre les jambes et qui selon certaines expressions populaires leur donne plus de courage, ce morceau de chair qui permettait l'inscription dans un registre au village, ce morceau de chair que je n'avais pas, avait encore de nos jours beaucoup de pouvoir et portait, en plus des fonctions anatomiques, des représentations venues d'un autre temps.

Je me suis toujours interrogée sur la représentation de la place qu'a l'argent dans cette société. La charge émotionnelle qui lui est attachée lors d'un décès, comme si les biens matériels attestaient un lien ou comblaient un manque de lien durant le vivant, prouve sa valeur de symbole. Dans la souffrance de la disparition d'un être cher, chacun a sa propre façon de voir les choses et de gérer l'après-vie. Est-ce pour cela que les règles successorales françaises, où il est impossible de déshériter un enfant, sont ce qu'elles sont ?

Dans une situation de mensonge, soit on prend en compte l'intention, soit on prend en compte les conséquences de l'action. Quand on se découvre victime du mensonge, il parait difficile de penser seulement à l'intention qui a prévalu à l'émission du mensonge. On aurait souhaité que l'émetteur du mensonge ait pensé aux conséquences. Dans ce lot de conséquences il y a les questionnements liés à la trahison, au respect. Est-ce le signe d'un égo démesuré ?

Et n'est-ce pas être omniscient et omnipotent que de décider de mentir pour préserver l'autre ? N'est-ce pas naïf que de penser que le mensonge ne sera jamais découvert ?

Tout cela ne serait-il que la confrontation de deux égos ?

La révélation de mon demi-frère a fait écho chez mes enfants à une situation similaire concernant leur place dans la famille de leur père, situation de non-dit ou de manque de transparence.

Sommes-nous plus sensibles lorsque nous avons vécu le décès d'un parent ? Avons-nous plus besoin d'explications ?

C'est ce manque de transparence volontaire ou involontaire, qui déclenche les colères et les tristesses. C'est ce type de non-dit qui nous questionne sur la sincérité des liens qui nous unissent. Sans parler d'honnêteté.

C'est ce type de comportement qui a fait dire, un jour, à mes enfants : « C'est comme si papa n'avait pas existé ».

Et pourtant, ils sont la preuve qu'il a existé.

Une fin de journée dans une entreprise où je travaillais, un collègue est entré dans mon bureau. Lorsque j'avouai avoir trouvé la journée longue et difficile, manifestant ma surprise sur les remarques de certains autres collègues, il me répondit :

- Si tu n'étais pas au boulot, est-ce que ce seraient des gens que tu fréquenterais ?

Si je me pose cette même question pour les personnes de ma famille, quelle serait ma réponse ?

No comment.

Faire le deuil

Choc, déni, colère, marchandage, tristesse, résignation, acceptation, reconstruction

J'ai longtemps cru que ma mère était partie pour un voyage dont elle allait revenir. Un jour, Tata Mitjeu est venue sonner à la grille de la maison. Elle portait le même manteau de couleur sombre et avait la même coiffure que ma mère ; pendant une fraction de seconde, j'ai cru qu'elle revenait.

Je l'ai même vue un jour, dans un songe, au bord de mon lit, vêtue d'une robe noire que je ne lui connaissais pas, et que je devais découvrir et acheter plus tard, dans une friperie. Elle tentait d'apaiser ma peine devant le couple que formait mon père et sa seconde femme. En me les montrant du regard, avec beaucoup de douceur, elle me disait qu'elle était heureuse pour eux.

Je me suis sentie mal lorsque j'ai dit un jour au teinturier que nous étions voisins, et il apostropha sa femme :

- Mais si, tu sais bien, c'est la fille de la maison où il y a eu... l'assassinat.

Triste célébrité.

Faire l'objet d'un entrefilet ou d'une page sur les triades, selon les journaux, puis être assise dans une voiture de police avec gyrophare et sirène, alors que je ne suis ni une star, ni un malfrat, ce n'est pas la façon dont je souhaiterais être célèbre. Si j'avais eu des velléités de célébrité.

Dans ma tête et dans mon cœur, ce fut un vrai sac de nœuds.

Perdre ma mère... Je n'aime pas cette expression. « Perdre quelqu'un ». Si je l'avais perdue, je pourrais essayer de la retrouver, là où je l'ai perdue.

C'est déjà très compliqué pour moi, au départ, de m'identifier à cette communauté wen qui est... communautaire, avec des codes auxquels je n'adhère pas forcément. Parmi ceux-là, il y a les codes d'union, ceux qui ont fait rompre une de mes cousines alors qu'elle était très amoureuse d'un Coréen, afin de pouvoir se marier avec quelqu'un de la communauté : un Wen.

Les codes d'entraide sont quelque part remarquables, je le reconnais6 L'aide financière dont vous avez besoin pour monter un business arrive comme une manne tombée du ciel, et vous libère de devoir vous adresser aux établissements financiers qui ont pignon sur rue. Cependant, cette aide suppose une gratitude qui rend l'acte moins glorieux, moins généreux, moins céleste, et qui comporte un certain nombre de remboursements tacites, non stipulés dans un contrat de prêt dûment écrit, et, que vous devrez honorer, vaille que vaille, coûte que coûte, malgré vous.

C'est encore plus compliqué quand ma propre famille me dicte ma vie et me juge sur mes relations amoureuses et amicales, au nom des codes de la communauté.

Et que dire sur le fait d'avoir à vivre ce drame : avoir sa mère assassinée par des gens de la même communauté ? Des gens qui parlaient le même dialecte, amenés par le fils d'un « ami » qui avait été invité ?

Dans mes codes, il y a des loyautés qu'on ne transgresse pas.

Alors, oui,

j'ai eu honte.

Honte d'avoir une mère assassinée.

Assassinée par des Chinois.

Honte d'être chinoise.

Ai-je tenté d'être plus blanche que jaune ?

Suis-je une « banane » ? Jaune à l'extérieur, blanche à l'intérieur ?

Peu importe la couleur. Aujourd'hui, il m'arrive de dire que la vie est un chemin avec des cailloux, des cailloux de toutes les tailles. Des petits, des moyens, des gros. Certains, on ne les voit même pas, on marche dessus. D'autres nous font un peu tordre la cheville ou déraper. Ceux de taille moyenne, on les contourne, ou on shoote dedans. Et les plus volumineux, on doit y mettre toute son énergie, on y va avec les mains, on grimpe par-dessus, on tire dans les bras, on pousse dans les pieds, on s'arcboute. Parfois on tombe, on recommence. Jusqu'à ce qu'on passe de l'autre côté. Parfois sans s'en rendre compte, on traverse, on ne sait même pas qu'on a réussi. On est là. Renforcé par l'expérience.

Toutes ces épreuves ont généré beaucoup de souffrance, je l'ai déjà dit, et aussi beaucoup de colère et d'incompréhension. Et au bout de tout ça, elles m'ont transformée, en quelqu'un de plus doux, de moins impétueux, de moins catégorique. Enfin, je l'espère. On m'a dit un jour que l'univers ou ce en quoi tu crois, ne t'envoie que les épreuves que tu es capable d'endurer. Et que tant que tu n'as pas compris la leçon, l'épreuve se représente. Alors je m'adresse à toi l'univers : j'ai compris.

Parfois, une image, une odeur, un geste, un regard, un mot, une énergie, un je ne sais quoi, et le temps se suspend. Je suis saisie, envahie par une émotion. Et ils sont là, mes absents. Mon mari, le père de mes enfants, parti trop tôt, à 37 ans. Elle, ma mère, qui n'aura jamais été grand-mère, partie trop tôt, à 49 ans.

Parfois, ça passe, ça ne dure pas. Parfois ça dure, ça ne passe pas.

Il m'arrive de faire des décomptes. Entre les expressions populaires « jamais deux sans trois » et mon attrait pour les chiffres, j'ai compté. J'ai compté la mort de notre premier chien, un dalmatien, comme le premier mort, même si, en Chine on ne doit pas comparer les animaux aux humains. Il me fallait le troisième mort, qu'il soit le premier ou le dernier, il en fallait un pour faire le compte. Il est mort empoisonné dans la cave de notre première maison, d'une hémorragie. Ça fait trois morts.

J'ai aussi compté les passages à l'institut médico-légal. Le troisième est un cousin, mort dans un incendie à Paris, avec sa femme et leur fille, peu de temps après la mort de ma mère. Là aussi, c'était dans les journaux. Ça fait trois à l'institut médico-légal.

Le compte y est.

Parce que je suis au maximum de ce que je peux pleurer, de ce que je peux souffrir. Parce que je ne pourrais pas me relever...

Mon corps se rappelle à moi aux dates de leur décès. Je ne suis pas bien. Au début, je me demande pourquoi je me sens patraque, un peu plus triste, un peu éteinte, pas aussi gaie, pas aussi vivante. Je me sens sans envie, sans joie, sans dynamisme. Et je finis par prendre conscience, doucement, que c'est à ces dates-là qu'ils sont partis, qu'ils ont quitté leur enveloppe terrestre, qu'ils nous ont laissé seuls. Alors j'accepte, j'accepte d'avoir mal. J'accepte d'être triste. J'accepte qu'à ces dates là, j'ai du vague à l'âme.

J'ai aussi compté, ou plutôt décompté, presque malgré moi, lorsque je me suis approchée de mon 49è anniversaire. L'âge où elle est morte. J'ai décompté : 49 moins un an, moins 11 mois, moins 10 mois..., moins....un mois ; 49 ans ! Je ne sais plus si je l'ai fêté. Je n'avais pas le cœur à la fête. J'étais triste. Toutes les années suivantes, c'était du rab. C'étaient les années que ma mère n'avait pas vécues.

Je ne pense pas avoir fait des choses extraordinaires. J'essaie juste d'avancer, d'être meilleure, d'être plus douce, plus compréhensive. Ce qui n'a pas été facile.

J'avais beaucoup de colère et de tristesse en moi.

Et, j'attendais beaucoup des autres. J'attendais à la hauteur de ce que je souffrais.

Trop.

J'ai porté la culpabilité du survivant. Etre encore vivante, alors qu'ils ne le sont plus.

J'ai négocié avec la pensée magique. Dans un des films avec « Superman », pour faire revivre la femme qu'il aime, il vole autour de la Terre, à l'envers, pour remonter le temps. Tout Superman qu'il est, il consent à ne pas se servir de ses pouvoirs pour remonter le temps. Je n'ai pas aimé ce film parce que moi, je n'ai pas de super-pouvoirs. Je n'ai pas pu faire tourner la Terre dans l'autre sens. Je ne suis pas Superman.

Pendant longtemps, et peut-être encore maintenant, j'avais une peur tripale - et non tribale, une crainte irrationnelle, quand je parlais d'argent. Négocier mon salaire ou négocier une remise était une épreuve pour moi comme si je négociais ma vie ou celle de ma mère au jeu de la roulette russe, à la vie, à la mort.

Aujourd'hui, je suis toujours vigilante et inquiète durant les moments de bonheur, parce que je sais que ça peut basculer en une fraction de seconde si on n'y prend pas garde. Je suis toujours en alerte pour ne pas laisser de place à cette micro-seconde de négativité de s'infiltrer.

*

Paroles de psy

J'ai été accompagnée par un certain nombre de psy, psychanalystes, psychologues, thérapeutes en thérapie brève. Ce long chemin me titille, parfois, quand je pense au coût de ces thérapies. Mon côté asiatique sans doute ? Je n'ai, à ce jour pas compté, et, je n'ai pas l'intention de le faire. « Parce que je le vaux bien ! »

Certains échanges m'ont marquée, alors que je me culpabilisais de ne pas pouvoir me délester de certains souvenirs. Par exemple :

Moi : Je n'oublierai jamais l'épisode de la haie de condoléances.

Elle : Comment peut-on oublier ça ?

Elle avait de l'eau dans la voix et dans les yeux.

Moi : Je n'arrive pas à oublier. Ma mère est morte, assassinée, depuis plus de 25 ans. Il y a des jours où je ne peux pas. Je n'y arrive pas. »

Le psy, stylo en suspension, soulevant ses sourcils, regardant droit dans mes yeux embués :

- Il y a des choses qui ne passent pas.

Un autre psy :
- Vous pourriez pardonner à votre père.

Moi : Pour moi, pardonner, c'est être dans une posture supérieure. Je ne me sens pas d'être dans une position supérieure.

- Alors peut être, vous pourriez vous pardonner à vous-même.

Se pardonner à soi même...

Je cherche le pays où le mot *pardon* veut aussi dire *liberté*.

*

Elle aurait été une grand-mère chinoise, aimante et envahissante. Elle n'aura jamais entendu ses petits enfants l'appeler grand-mère. Elle ne les aura pas embrassés, bercés, caressés, choyés, couverts de cadeaux. Elle n'aura pas choisi le mot français par lequel elle aurait souhaité être appelée par ses petits enfants, et qui lui aurait conféré ce statut de grand-mère. Le mot chinois n'aurait pas à être choisi : grand-mère de l'extérieur (la mère de la mère des enfants) cela aurait été : *abou*.

Il n'aura pas vu ses enfants grandir. Il n'aura pas vu dans leurs gestes, dans leur façon d'être, dans leurs blagues, dans leur façon de parler, les traces que moi je vois de lui.

Faire le deuil, c'est se nourrir de phrases telles que : « La mort est comme un bateau qui disparait à l'horizon, ce n'est pas parce qu'on ne le voit plus qu'il n'est plus »

Faire le deuil, c'est lire ce poème et pleurer :

„Tu ne sauras jamais que ton âme voyage
Comme au fond de mon cœur un doux cœur adopté ;
Et que rien, ni le temps, d'autres amours, ni l'âge
N'empêcheront jamais que tu aies été.

Que la beauté du monde a pris ton visage,
Vit ta douceur, luit de ta clarté
Et que ce lac pensif au fond du paysage
Me redit seulement ta sérénité.

Tu ne sauras jamais que j'emporte ton âme
Comme une lampe d'or qui m'éclaire en marchant ;
Qu'un peu de ta voix a passé dans mon chant.

> Doux flambeau, tes rayons, doux brasier, ta flamme,
> M'instruisent des sentiers que tu as suivis,
> Et tu vis un peu puisque je te survis."

Marguerite Yourcenar – *les charités d'Alcippe*

Faire le deuil c'est grandir dans ce manque, dans cette absence.

Faire le deuil c'est accepter l'inacceptable.

Coïncidences

Chère Maman,

Depuis que tu es partie, j'ai toujours voulu t'écrire. Cela a même été le fil conducteur de ce livre que je te destinais.

T'écrire comme si tu étais partie seulement en voyage. Mes lettres auraient été des fils d'amour tissant un pont entre toi et moi. Je t'y aurais raconté les menus détails de mon quotidien, mes déceptions, mes réussites, mes émotions, mes chagrins et mes rires. Comme quand je te téléphonais chaque jour et je te déversais mon flot de paroles.

Aujourd'hui, je prends la décision de t'écrire car je veux partager avec toi ce que j'ai observé. Il m'aura fallu plusieurs années et la récurrence de ce phénomène pour m'interroger à ce sujet. Coïncidence ou induction de la coïncidence ?

Après ce long préambule un peu abscons, qui reflète ma difficulté à aborder le sujet, je vais dans un premier temps énumérer les faits.

Te souviens-tu de Suzanne, celle que j'appelais ma meilleure amie ? Mon amie depuis la fac. Est-ce qu'on donne le qualificatif de « meilleure amie » au regard de la durée ou des actes qui composent une amitié ? Je ne sais pas et cette question est encore pour moi sans réponse aujourd'hui.

Suzanne, que je connais depuis plus de 25 ans, habite aux Etats Unis et revient tous les étés en France. C'est l'occasion de nous retrouver, et nous nous faisons plein de petits cadeaux, comme s'ils étaient les marqueurs de notre amitié et comme s'ils pouvaient combler la distance qui nous sépare le reste de l'année.

Cette année-là, je lui ai offert ton bracelet, le bracelet en filigrane, que tu portais. Elle l'aimait beaucoup.

Elle a été très touchée de mon geste, qui était sans doute, pour elle, lourd de significations. Elle qui t'a connue.

Ce qui m'interpelle, c'est que quelques mois plus tard, lors de notre conversation Skype hebdomadaire, sur une phrase que je lui formulais sur la qualité de notre conversation, elle me raccrocha au nez. Je n'ai plus de nouvelles depuis. C'est-à-dire depuis trois ans. Ainsi, 25 ans d'amitié sont effacés par une phrase qui, certes, je le reconnais, n'était pas sympathique, mais qui n'était pas dirigée contre elle. Juste une phrase qui constatait la pauvreté de notre échange.

Bref, je te relate le second fait, du même acabit.

J'ai eu une collègue de travail dont j'ai été très proche, et pour laquelle j'avais obtenu un CDI (contrat à durée indéterminée) alors qu'elle collectionnait les CDD (contrat à durée déterminée). Lorsque j'ai quitté l'entreprise où nous nous sommes connues, elle est la seule avec qui je suis restée en contact. Nous prenions un verre de temps en temps sur les terrasses parisiennes. J'aimais sa douceur, son écoute, et j'ose penser qu'elle appréciait nos discussions et nos rires. Un jour, j'ai éprouvé le besoin de lui offrir un foulard qui t'avait appartenu. Elle fut très touchée. Et l'accepta avec des larmes dans les yeux.

Quelques mois après, rebelote. Cette collègue, Sylvie n'a plus répondu à mes SMS, ou à mes mails. Je ne l'ai jamais revue.

Je ne sais pas pourquoi ces deux femmes ne veulent plus me voir. Je me suis posée beaucoup de questions. Je me suis remise en question. J'ai surtout été surprise de constater qu'elles pouvaient mettre fin sans explication à ce que j'appellerais de belles amitiés.

Et puis, un jour, une idée irrationnelle a pointé le bout de son nez : est-ce-que le bracelet et le foulard qui t'avaient appartenu étaient porteurs d'un sort qui coupe l'amitié ?

Je repoussai cette idée. Cependant, un autre sentiment s'insinuait lentement dans mon esprit, dans mon corps, dans mon amour.

Depuis que tu n'es plus là, je te cherche. Je te cherche partout. Tu es partout, tu me manques. Je te cherche dans mes amours. Je te cherche dans mes amitiés.

Et cette révélation donne un éclairage nouveau à ces amitiés brisées. N'ont-elles pas été coupées dans leur flot par ma trahison ?

Pardon, Maman, de t'avoir trahie. Pardon de t'avoir cherchée dans d'autres corps, dans d'autres cœurs.

Ecrire

Istanbul, Hagia Sofia, octobre 2017.

C'est dans ce musée que j'aime parce que les représentations des religions chrétiennes et musulmanes se côtoient, que je me suis assise sur une pierre pour me reposer. Il est venu à moi, il est monté sur mes genoux. Il s'est installé, en rond, et s'est endormi. Les touristes nous prenaient en photo. L'un des guides, voulant rationaliser la magie du moment que je vivais et qui s'affichait sur mon visage, indiqua que ce chat n'était venu se pelotonner dans mon giron, que pour la seule et unique raison de son aversion pour la froideur de la pierre. Avant de m'asseoir, je l'avais vu ignorer les propositions de caresses d'autres touristes. Je m'accrochais à l'idée que ce chat n'était pas venu par hasard ou par intérêt personnel. Voyant que le repos du chat sur mes jambes durait, la pensée d'une rencontre improbable et romantique me traversa l'esprit. C'est une femme qui s'approcha de moi et s'assit. Une franco-portugaise avec laquelle j'engageais la conversation.

Elle était bibliothérapeute. Durant notre échange, elle me raconta son métier-passion, ses voyages, son penchant pour la photographie. Elle portait autour du cou un appareil photo qui me semblait assez sophistiqué. Parmi les anecdotes qu'elle partagea avec moi, elle me parla d'une interview lors d'une émission de radio sur son métier. Elle raconta qu'elle avait, lors d'un tour des pays d'Europe, recueilli des photos et des interviews de toutes les personnes qu'elle croisait. Des personnes qui lisaient. Elle avait noté le titre du livre, le lieu, les raisons qui avaient amené au choix de ce livre, les raisons du choix du lieu de lecture, etc. Elle me raconta sa surprise quand son téléphone sonna, à peine rentrée chez elle après l'émission de radio. La maison d'édition qu'elle affectionnait, lui proposait d'éditer son recueil, qui dormait dans un de ses tiroirs.

J'étais partagée entre la jalousie et l'admiration. Quelle bonne idée elle avait eue ! Des interviews, des photos, des livres, des gens, des voyages ! Tout ce que j'aime. C'est alors que j'osais lui avouer mon projet d'écriture.

Et c'est à ce moment là, précisément, que le chat, Gli, se leva, s'étira, quitta mes jambes pour aller s'installer sur celles de la bibliothérapeute franco-portugaise.

Nous nous sommes regardées toutes les deux, la bouche ouverte dans un sourire silencieux, comme si nous avions assisté à un instant de pure magie féline.

*

J'ai écrit pour déposer, j'ai écrit pour découvrir tous les coins et recoins de ce que j'ai eu à traverser.

J'ai écrit pour pardonner, j'ai écrit pour accepter. J'ai écrit pour remplir le vide de l'absence.

J'ai écrit pour ne pas oublier, j'ai écrit pour rendre hommage

J'ai écrit pour trouver les limites. J'ai écrit pour dire les limites, mes limites.

J'ai écrit pour mieux me connaitre.

J'ai écrit pour dire ce que je n'ai pas pu dire.

J'ai écrit pour rendre le chagrin supportable.

J'ai écrit parce que tous les chagrins sont supportables si on en fait une histoire

Ecrire c'est comme pleurer sans s'arrêter

Ecrire c'est comme dire sans se soucier des autres

Ecrire c'est parler sans interdit

Ecrire c'est rire à ne plus pouvoir respirer

Ecrire c'est oublier les autres

Ecrire c'est voir le seul brin d'herbe parmi tous les autres

Ecrire pour ne plus avoir honte

Ecrire pour guérir

Ecrire pour partager.